누가 하이카라 여성을
데리고 사누

여학생과 연애

차례
C o n t e n t s

여학생, 근대의 문제아들

여학생은 '성별이 여자인 학생' 또는 '학교교육을 받는 여성'을 가리키는 말이다. 여성이 학생이라는 신분으로 학교교육을 받기 시작한 것은 백여 년 전으로 거슬러 올라간다. 최초로 여성교육을 담당했던 이화학당이 설립된 것은 1886년의 일이고, 국가 정책상으로는 1908년에 이르러 조선교육령과 함께 여자교육령(관립고등여학교령)이 선포되었다. 남학생이 근대적인 학교교육을 받기 시작한 것이 원산학사를 기준으로 1883년의 일이므로, 여성이 근대적인 교육을 받기 시작한 출발선은 남성과 별반 시차가 크지 않다. 그렇지만 근대와 전근대를 구분할 것 없이 지금까지 남성들이 교육의 주체이자 수혜자였던 데 반해, 여성들은 근대화와 함께 비로소 공적인 앎의 장에 편입될 수 있었다. 그것도 아주 더딘 속도로 조금씩 이루어진 일이었다.

백여 년 전 이 땅에서 '교육받는 여성'이 처음 탄생한 이래, 여성은 늘 관심과 주목의 대상이 되는 '문제아'였다. 여성이 교육을 받을 수 있고, 또한 받아야 한다는 생각은 많은 반대에 부딪혔으며, 교육의 문이 활짝 열린 뒤에도 여성들은 끊임없이 견제와 단속의 시선에서 자유롭지 못했다. 딸을 내놓고 가르친다는 것이 망측한 일이라는 편견을 넘어서고, "여자도 배워야 한다"는 생각이 보편화된 뒤에도, 사람들은 딸들을 늘 조심시키고 잡도리해야 할 존재로 여겼다. 그만큼 여성이 학교와 사회라는 근대의 제도 속에서 새로운 주체로서 삶을 시작한다는 것은 그리 순탄한 일이 아니었다.

특히 여학생들에게는 유독 성별이 '여자'라는 이유로 수많은 이미지들이 덧씌워져 왔다. 오래도록 여성에게 부여된 성녀, 마녀, 창녀 등등의 이미지는 여학생이라는 '불완전한' 존재에게도 여러 가지 형태로 변주되어 나타났으며, 이는 지금 현재도 마찬가지이다. 사춘기라는 다소 불안하고 미묘한 시기를 통과하는 여성들이 작은 마녀들 혹

아바님 어마님
罪없는사람을가두지마시오
京城

경성 가는 시골 처녀(『부녀지광』, 1924).

은 타락하기 쉬운 존재로 그려졌으며, 교복 입은 어린 소녀들을 성적 대상으로 동경하는 '로리콘'과 같은 현상도 나타났다. 훗날 훌륭한 어머니가 되어야 할 성스럽고 순결한 존재, 그러나 상처입고 타락하기 쉬운 취약한 존재, 미숙하지만 미묘한 성적 환상을 충족시키는 존재. 이렇게 여학생은 다양한 이미지로 묘사되었다.

따라서 여학생은 단순히 남학생의 대칭어가 아니다. 여학생이라는 말 속에는 '배움'의 역사 이상의 것들이 담겨져 있다. 여성운동의 주역, 근대 문화의 향유자, 로맨스의 주인공, 첨단 패션의 리더로서 근대의 여학생은 고유한 실체나 특정한 이미지로 규정될 수 없는 입체적인 얼굴을 가지고 있었다.

근래에 쏟아져 나오고 있는 신여성 연구에서도 볼 수 있듯이, 여학생은 신여성의 역사에서 일종의 전사(前史)로 혹은 그 일부분으로 다루어지고 있다. 신여성이라는 존재 자체가 넓은 의미에서 근대 교육을 받은 여성을 지칭하는 말이었기 때문이다. 흔히 신여성이란 '고등보통학교 이상의 학력을 지닌 여자'에서 '보통학교에서 교편을 쥐고 있거나 그 이상의 학교에서 교수 또는 조교수의 직위에 있는 여성', 더 나아가 '사회에 각기 한 자리씩 차지하고 있는 모든 여성'으로 그 범위가 점점 넓혀지긴 했지만, 당시 "조선에서 신여성은 곧 여학생(출신)을 가리키는 말"(김경재, 「여학생 여러분께 고하노라」, 『신여성』, 1926.4)이었다(좁은 의미에서는 대학 정도의 전문교육을 받거나 유학을 다녀온 특수 집단에 한정된다). 따라서 여기에서 살펴보고자 하는 '여학생' 역시 기존의 '신여성상'과 많은 부분 겹쳐질 수밖에 없다.

그러나 이 글에서는 여학생과 여학교(여자고등보통학교 정도의 중등교육)를 둘러싸고 벌어지는 여러 현상과 문제에 특히 초점을 맞추려 한다. 즉, 당대 여학생들의 구체적인 모습과 그에 대한 당대의 시선들을 살핌으로써, '여자(신여성 또는 근대 여성)의 탄생'과 관련된 하나의 밑그림을 그리고자 하는 것이다. 이를 위해 『신여성』, 『신가정』, 『별건곤』, 『삼천리』 등 1920~1930년대의 잡지에 실린 각종 기사들을 참고하여 당대의 담론을 재구성하고, 그와 변별되거나 혹은 충돌하는 여학생들의 목소리를 담아내고자 한다.

이 책에서 우리나라의 근대 여학생에 대해 말할 수 있는 것들은 다음과 같다. 그때 여학생들은 무엇을 배웠으며 무엇을 할 수 있었나, 그들이 열망했던 것과 추구했던 것은 무엇이었는가. 당시 여학생들은 어떻게 다루어지고 가르쳐졌는가. 즉, 여성의 교육 과정에서부터 취미 생활, 연애와 교제, 유행과 패션, 그리고 여학생을 둘러싼 갖가지 이야기들을 들여다보게 될 것이다. 그리고 그 속에서 여학생 혹은 신여성이라는 존재가 왜 그토록 오랫동안 그리고 지금까지도 '문제아'로 여겨지고 있는지에 대한 실마리를 찾으려 한다.

'배우는 여성'의 탄생

여성교육의 시작

딸은 많이 가르치면 '버린다' 혹은 '못쓴다' 하는 생각이 사라진 것은 그리 오래전 일이 아니다. 어쩌면 아직도 완고한 노인네들은 여자들을 많이 가르쳐 봐야 소용없는 일이라고 생각하고 있을지도 모른다. '버린다'는 건 무엇을 의미하는가. 상하거나 더럽혀진다는 그 말 속에는, 딸을 잘못 내돌리면 마음 상하고 몸 버릴 일만 생긴다는 생각이 담겨 있다. 처음 여성교육을 시작할 때 가장 큰 저항으로 다가왔던 것도 바로 그런 생각이었다. 집안에서 조신하게 키워 시집이나 보내면 그만일 딸들을 굳이 많이 가르쳐봐야 긁어 부스럼 만드는 격이라는 생각이 팽배했던 것이다. 방학이 되어 고향에 내려간 여학생들은 "저런 하이카라 녀학생들은 어떤 남자가 데리고 사누"라는 흉을 들어야만 했다.

1920년대 초에 여학생은 전체 여성 인구 860만 가운데 5만 내외라는 기록이 있다(김기전, 「朝鮮의 절뚝바리 敎育」, 『신여성』, 1924.4). 여성 총인구 가운데 취학 가능한 연령을 최소한 사분의 일 가량으로 잡아도 그 비율은 약 2% 안팎이다. 1920년대 중반 보통학교(초등)의 여자 입학생 수는 6만여 명 그리고 여자고등보통학교의 경우는 2천여 명을 헤아릴 정도였으며, 교육기관 자체도 서울, 평양과 같은 대도시를 빼고는 거의 전무한 실정이었다. 그러나 여학교 설립 운동이 계속되면서 여학생 수는 꾸준히 증가하는 추세를 보여, 1920년대 말에는 남학생 수의 증가율에 필적할 만한 비율을 유지하게 되었다.

이화학당이 최초로 여성교육을 시작한 구한말에는 학생을 다섯 손가락 안에 꼽을 수 있을 정도였고, 그나마 고아이거나 버려지다시피 한 아이들을 선교사가 데려다 성경 공부를 시키는 식이었다. 1910년대까지 여학교에 다니는 학생이라고 해봐야 가마를 타고 하인을 앞세운 양반집 처녀와 치마 쓰고 오는 중류 계층의 여학생 몇이 고작이었다. 학생이 다섯이면 하인도 다섯이 교실에 들어와 앉아 있고, 달이 뜨지 않는 날에는 학생들이 학교에 오지 않는 등의 해프닝도 종종 일어났다. 그러나 1919년 3·1운동 이후 향학열이 높아지자 중류 계층 이하의 학생들이 학교교육에 적극 편입되었다. 이 시기에 향학열이 특히 높아졌던 것은 교육을 통한 조선의 개조라는 공감대가 형성됨으로써 교육 운동과 교육단체 설립이 활발해진 것과 관련이 있다.

천도교에서 설립한 동덕여학교의 경우, 1910년대 중반까지만 해도 180여 명이던 학생 수가 1925년에는 6년제 보통학교와 4년제 고등과를 합하여 780명이 되었다. 1924년 진명여학교의 졸업생 수는 485명가량으로 집계되었다. 숙명여학교는 20여 년 동안 고등과와 보통과를 합하여 6백여 명을 배출하였고, 1924년에는 580여 명이 재학 중인 것으로 집계되었다. 1920년대 중반에 중등 이상의 여학생 수는 학교당 이삼백 명 안팎으로 전국적으로 삼천 명 정도였으며, 그 가운데 경기(경성) 지방과 평북(평양) 지방 출신이 대다수를 차지했다(「全鮮 여학생 총수와 그 출생도별」, 『신여성』, 1925.1). 1934년에는 여자고등보통학교 재학생 수가 5,123명가량으로 집계되었다(『신가정』, 1934.4). 10년 세월 동안 중등 정도의 학교에 재학 중인 여학생 수가 두 배 가까이 늘어난 셈이다.

『신여성』과 같은 잡지에서는 '인력거를 끌어 딸 공부시킨 아버지'류의 미담을 실어 학부모들에게 '딸 학교 보내기'에 참여할 것을 호소하는 전략을 취하기도 했지만, 사실 가난과 일손 부족에 시달리는 대다수의 사람들에게 배움에 대한 결의와 결심을 요구하는 것은 무리일 수밖에 없었다. 여성교육에 대한 편견 이상으로 현실적인 걸림돌이 바로 경제적인 문제였음은 말할 것도 없는 일이었다.

그래도 학교 수에 비해 교육을 희망하는 학생 수가 꾸준히 증가하는 추세여서 1920년대 중반 이후부터는 입학시험을 통해 학생을 선발하고, 월사금(2원 정도)을 받는 등의 변화가 있었다. 그러다 보니 학생 수를 제한하는 과정에서 월사금을 낼 수 없는 여학생들이 입학을 포기하거나 퇴학을 당하는 사례들이 심심찮게 생겨났고, 또한 지나치게 입학시험이 어렵고 학생 선발이 까다롭다는 주장도 제기되었다. 그래서 『신여성』, 『별건곤』 등의 잡지에는 가정 형편이 어려워서 학업을 포기해야 하는 어린 여학생의 눈물어린 사연과 입학시험 준비에 시들어가는 소녀의 고충을 담은 수기들이 종종 등장했다.

1931년의 통계에 따르면, 공립보통학교의 남녀 비율은 5대 1(387,282명 대 76,725명)이었고, 고등보통학교(24개교)와 여자고등보통학교(16개교)의 남녀 비율은 3대 1(11,949명 대 4,554명) 정도였다. 당시 조선의 총 인구수는 이천만 명 안팎이었고, 이 가운데 여성 인구는 천만 명 안팎이었다(이여성·김세용, 『숫자조선 연구』4, 세광사, 1933).

현처양모 될 새 여자

근대 국민교육의 목적은 국가와 사회에 쓸모 있는 인재를 양성하는 데 있다. 1908년 조선교육령에서 밝힌 여자고등보통학교의 교육 목적은 "여생도의 신체발달과 부덕함양에 유의하되 덕육을 베풀고 생활에 유용한 보통지식과 기능을 가르치며

국민된 성격을 양성하고 국어에 숙달케 하는 것"이었다. 그러나 식민지로 전락한 조선에서 근대교육이란 국민교육의 틀을 빌려 왔으되 식민교육이었으며(일제 치하에서 '국어'는 곧 일본어를 의미한다), 게다가 여성교육의 경우 근대적 주체 만들기보다는 현모양처 만들기에 초점이 맞춰져 있었다. 즉, 여자를 교육해야 하는 목적은 새로운 사회의 현처양모 될 새 여자를 기르는 데 있었던 것이다. 이제 훌륭히 살림을 꾸리는 좋은 아내, 좋은 어머니가 되는 것은 새로운 지식의 학습과 훈련을 통해 이루어져야 한다. 바꿔 말하면 여성의 교육은 과거와 다르게, 좀 더 훌륭한 가정을 만들고, 훌륭한 자식(국민)을 길러내기 위함이라는 것이다. 국가 없는 민족이 '국가'라는 허울 아래 '제2국민'의 양성을 위대한 사명이자 교육의 목적으로 삼을 수밖에 없었던 것이 그때의 아이러니한 현실이었다.

집에서 어머니에게 알음알음으로 배웠던 자수나 수예, 재봉 등과 같은 집안일은 학교교육의 체제 속에서 좀더 과학적인 외피를 입었다. 정확히 자로 치수를 재서 재단을 하고, 화학약품을 사용하여 얼룩을 지우는 등의 새로운 지식이 추가되었다. 아이를 낳고 키우며 가르치는 일도 다시 배워서 실행해야만 하는 일이 되었다. 과학을 생활에 도입하는 것이 문명인으로서의 필수 과정이라고 믿는 사람들은, 과거의 방식들을 '미신'이나 '민간요법'으로 치부해 버렸다. "어린아이 재우는 법도 새로 배우지 않으면 큰 폐단이 생긴다"는 주장 역시 제기되었다. 새로운 방식으로 모든 것을 완전히 '개조'하지 않으면 안 된다는 생

공부하는 여성의 하루
(나혜석, 「김일엽 선생의 가정생활」, 『신여자』, 1920.6).

각은 일종의 강박관념 같은 것이었다.

　그렇다면 여성교육은 기껏 육아나 살림을 배워 훌륭한 규수를 키워내는 것에 만족하는 수준이었을까. '선각자'들이 그렇게 부르짖던 '여자의 해방'이나 '여자의 자각'이라는 말들은 무엇을 의미하는 것이었을까. 여성교육을 주창하는 많은 사람들이 근대화의 시작과 더불어 여성의 주체성 확보를 큰 소리로 외쳤던 것은 사실이다. 그러나 여성의 학교 입학을 허락하는 것만으로도 흡족하게 여겨야 할 만큼 여성교육의 현실은 열악한 수준이었다. 그러니 여자가 학교에 다니기만 해도 많은 것이 저절로 이루어질 수 있으리라 믿었던 것도 무리는 아니었다.

　사실 여성교육의 선각자 혹은 선구자라고 해도 여학생은

'신가정의 여주인공', '새 조선인의 어머니'가 될 사람들이라는 전제를 고수하는 경우가 대부분이었다. 1930년대 초 여성 중등교육기관 가운데 가장 많은 인재를 배출한 숙명여학교를 소개하는 글을 보더라도 "조선의 현숙한 부인으로서 새 가정의 현모양처를 만들어주기에 일심정력을 다 드리는 학교"라는 칭송이 빠지지 않는다. 이를 통해 '새 가정'을 만드는 일이 근대 문명의 핵심적인 사업이자 소홀히 여길 수 없는 사명 가운데 하나였음을 쉽게 확인할 수 있다. 그러나 이 말은 곧 여성은 새 시대의 주역이되 언제나 '울타리 안의 주역'이어야 함을 공공연히 못을 박아두는 일이기도 했다.

어디까지나 여성교육은 모성 중심의 교육이 되어야 한다는 주장이 대세를 이루는 가운데서도, "여자다운 교육보다는 사람다운 교육을 하자", "양처현모라고 여성을 목적물이나 기계로 바라보는 것은 인생 모독이다", "한가정의 현처양모가 되거나 또 졸업장이 일개 혼인하는 데 매개물이 되어서는 안 된다"는 주장도 끊임없이 제기되었다. 그리고 여학생 스스로도 가정과 학교라는 답답한 울타리를 벗어나 사회와 세계로 시야를 넓히고 싶다는 욕망을 표출하기도 했다.

저는 오늘날 여학생들의 사상방면이 너무나 유치한 것을 퍽 원통히 생각합니다. 사회에 일분자로서 개성을 가진 인간으로서 사상에 낙오자가 된다는 것은 얼마나 유감입니까. (…) 학교의 교육 방침을 좀 고쳐서 우리 여학생에게 사회과학 사회지식을 좀 넣어주었으면 하는 것입니다. 저는 가끔 가끔 이 모든 배우는 것이 너무나 막연한 느낌을 느끼는 때는 사뭇 울고 싶습니다(이정순, 「신년의 企望과 소원-사회과학을 우리에게」, 『신여성』, 1926.1).

물론 현모양처 교육과 모성 중심의 교육이 여성교육의 중심이 되었다고 해서 여학생들이 학교에서 신부수업만 받았던 것은 아니다. 여자고등보통학교 4년 재학기간 동안(1908년 이후에는 5년, 1910년 이후에는 3년, 1922년 이후에는 4년제로 확정) 가사(요리), 재봉, 영양학, 위생, 간호법, 육아법뿐만 아니라 일어, 영어, 지리, 역사, 수학, 물리, 화학, 음악, 도화 등 중등학교(고등보통학교)에 개설된 거의 모든 교과목이 여학교에서도 교육되었다. 물론 이러한 교과과정이 실질적으로 얼마나 효과가 있었는지는 별개의 문제지만, 커리큘럼만으로 볼 때 여학생들의 교육 역시 번듯한 근대 교육의 체계를 따라가고 있었다고 볼 수 있다.

각 학교에서 특히 주의를 기울였던 과목으로는 수신과 체육을 꼽을 수 있다. 이 과목들은 '심신이 건강한 여학생'을 길러내겠다는 목적으로 일주일에 한두 시간씩 교육되었다. 물론 '수신(修身, 도덕수양 교육)' 과목은 일제가 만들어낸 '신민화 교육'의 일환이었고, '체조(체육)' 과목도 건강한 근대적 신체를 만들고자 한 국가적 기획의 일환이었으므로, 현모양처 교육의 맥락에서 크게 벗어나지는 않는다. 그러나 각 학교에서 여학생들이 농구와 테니스를 즐기고, 여자정구대회가 빈번히 개최되는 등, 여성들이 자신의 몸을 적극적으로 드러내 놓고 활동하는 기회가 주어졌다는 긍정적인 측면이 없지 않았다. 체조 교육은 이후 여성들이 농구, 배구, 스케이트 등의 스포츠를 직접 즐길 수 있게 되는 계기를 만들어 주기도 했다.

여성교육이 크게 진작된 1930년대 즈음에는 여학교 교육을 혁신하거나 개신(改新)해야 한다는 목소리들이 나오기 시작했다. 여성교육을 시작한 지 어느덧 수십 년이 지났지만, 교육 체계와 내용이 여전히 미비하다는 이유에서였다. 그 가운데는 현실과 너무 동떨어진 교육 내용이 문제라는 의견이 주를 이루었다. 여학교에서 한글 대신 영어 교육에 지나치게 치중한다는 것, 실생활에 도움이 되지 않는 대수, 기하, 물리, 화학을 자세히 가르치는 것, 서양요리법 위주의 가사 실습이나 피아노를 배우는 것 모두 '쓸모없는 교육'이라는 것이다(주요섭, 「여자교육개신안」, 『신여성』, 1931.6). 이는 기독교 학교에서 서양 선교사들이 교육을 주로 담당하는 현실, 서양인들에게 조선 자녀의 교육을 맡겨 놓을 수밖에 없는 현실에 대한 문제제기이기도 했다.

여학교 출신 여성들 역시 "일본 스키야키 만드는 법, 양요리 만드는 법을 배워야 먹을 일이 없으니 무슨 소용"이며, "사회에서 활약할 지식을 습득하지 못하는 부르주아 교육"일 뿐이라는 성토가 많았다(「명일을 약속하는 신시대의 처녀좌담회」, 『신여성』, 1933.1). 이에서 더 나아가 혹자는 현실과 동떨어진 이러한 부르주아 교육을 "여학생들의 시대착오적 심리 경향을 키우고 신여성의 사치와 오만을 배양하는" 주범으로 몰기도 했다(박노아, 「여성공황시대」, 『별건곤』, 1930.7). 이렇게 여성교육에 대한 비판과 개선책이 나올 수 있었다는 사실은, 초창기 선교사들의 손에서 조금씩 걸음마를 시작한 여성교육이 질적인 성장을 거듭해 가고 있었음을 보여주는 것이다.

1930년대 초에는 그나마 개선과 혁신이라는 여성교육의 과제가 논의될 수 있었지만, 전시체제로 들어가는 1930년대 말부터는 그마저 자취를 감추게 된다. 조선에서의 전반적인 상황이 그러했듯이 여학교에서도 전시훈련이 실시되고, 군사교육의 필요성까지 제기되었기 때문이다. 김남천의 장편소설 『사랑의 수족관』(1940)에는 세일러 교복을 입은 여학생이 언니에게 군대식으로 발을 모으고 경례를 붙이는 장면이 나온다. 여학교에서의 군사교육이 차츰 일상을 잠식해 가는 풍경을 묘사한 것이다.

당시 『삼천리』에서 실시한 설문조사에서 대부분의 조선인 교육자들은 여학생들의 전시교육이 꼭 필요하다는 입장을 나타냈으며, 군사훈련에 찬성하는 입장을 나타내기도 했다(「我校의 여학생 군사교련안」, 『삼천리』, 1942.1). 당시 이화여전의 교장이었던 김활란 등의 여성지도자들이 친일 혐의를 받게 된 것도 이러한 일련의 움직임과 관련이 있다.

여학교 풍경

100여 년 전 혹은 70~80년 전 이 땅에서 처음으로 배움을 시작한 여학생들은 어떤 모습이었을까. 그들의 교실 풍경 그리고 학교생활은 또 어떠했을까. 1920년대 중반 여학교 탐방기를 보면, 여학교 교실에서 머리를 땋아 늘어뜨린 학생보다 튼 머리를 한 여학생이 3배가량 많았다고 한다. 튼 머리란 부녀자를 상징하던 쪽진 머리뿐만 아니라 당시 유행하던 트레머리를 함께 지칭하는 것으로, 트레머리가 여학생의 주된 머리 스타일이었음을 알 수 있다. 여학생의 복장과 머리모양 등 새로운 외양은 문화적 충격으로 받아들여지는 경우도 많아서, 비누냄새는 왜놈냄새, 트레머리는 쇠똥머리, 굽 높은 구두는 당나귀 발통 같다는 비아냥 소리가 뒤따르기도 했다.

여학교 문화를 이야기하면서 빼놓을 수 없는 것이 기숙사 생활이다. 경성 등 대도시를 중심으로 분포했던 여학교들은 전국 각지에서 몰려 온 학생들을 수용하기 위해 기숙사를 운영하는 경우가 많았다. 현진건의 소설 「B사감과 러브레터」 (1925)에서도 잘 그려져 있듯이, '깐깐한 사감과 엄격한 규칙'은 당시 여학생 기숙사의 보편적인 모습이었다. 학부형과 학교 측에서 사춘기 여학생들을 단속하는 데 기를 썼을 것은 짐작할 만한 일인데, 이에 대한 학생들의 불만의 목소리도 상당히 높았다. 잡지에 기고한 여학생들의 글에서, 기숙사에 오는 편지를 사감이 먼저 개봉해 보는 관행에 대한 비판이 심심찮게 보인다. 편지가 이들의 거의 유일한 통신 수단이었으므로 기숙사 여학생들을 단속하거나 감시하는 것은 편지 검열만으로 가능했던 시대였다. 매일 편지 수십여 통을 읽고 검열하는 것만으로도 사감의 일과는 족히 채워지고도 남았을 것이다.

학교 당국에 대한 여학생들의 불만을 들여다보면, 기독교 학교라고 해서 일요일에는 빈대와 벼룩이 아무리 뜯어도 그것을 잡지 못 하게 한다거나, 또 졸업생이 남의 첩이 되면 제명 처분을 하여 상급학교 진학을 할 수 없게 만드는 경우도 있었다고 한다(송도망인, 「호스톤 여고 교장에게」, 『신여성』, 1924.11). 특히 안식일이라는 이유로 빈대와 벼룩을 잡지 못하게 했던 것은 당시 신식 학교 가운데 기독교 선교사들이 세운 학교가 다수를 차지했던 상황에서 빚어진 웃지 못할 풍경이었다.

여학교 특히 기독교계 학교에서는 일주일에 한번 주어지는 외출 이외에 학교 밖 출입을 절대 엄금한다든지, 성묘를 불허한다든지 하는 엄격한 학칙이 여학생들에게 큰 압박으로 다가왔다. 기독교계 학교에서 일어난 동맹휴학의 대다수가 억압적인 학교 규칙 때문에 비롯된 것이라고 해도 과언이 아니었다. 「인간 문제」의 작가 강경애가 주도했던 1923년 숭의여학교 동맹휴학 역시 '기숙사 규칙 개정과 사감 퇴진'을 요구하는 싸움이었다. 강경애는 이 사건으로 학교에서 퇴학까지 당했는데, 당시 숭의여학교는 '평양 제2감옥'이라고까지 불릴 정도로 악명이 높았다. 비단 숭의여학교뿐만 아니라, 이렇게 학교 기숙사를 '제2감옥'이라고 부르는 것은 마치 은어처럼 여학생들 사이에 널리 퍼져 있었다.

1920년대에는 각 학교의 동맹휴학 소식이 신문 잡지의 주요 기사로 오르내렸다. 당시의 동맹휴학은 민족운동 차원에서의 동맹휴학이라기보다 불합리한 학교 정책에 반발하거나 학교에 요구사항을 내거는 성격이 강했다. 호수돈여고보, 동덕여고보, 경성여자상업학교 등 각 여학교에서도 특정한 교사로부터 수업 받기를 거부하거나 학교 교사(校舍)신축, 교장 퇴진 등을 요구하며 동맹휴학을 했다. 특히 기독교 계통 학교에서 사건이 빈발했는데, 이는 기독교 학교들이 주로 권위적이고 강압적인 학생 정책을 취했던 것과 관련이 깊다. 동맹휴학을 일으키면 그 주동자들을 가차 없이 퇴학시키고 그러면 퇴학생의 복교를 요구하는 동맹휴학이 다시 벌어지는 악순환이 되풀이되었다.

기독교 계통의 학교에 자녀를 맡기는 것에 대해서는 기대와 우려가 교차했던 것이 사실이다. 엄격한 관리와 통제가 가능하다는 점은 환영할 일이지만 조선식이 아닌 서양식 교육방식이 주조를 이룬다는 데 대한 걱정도 있었던 것이다. 교리 수업을 강요하여 학력 평가에 반영한다거나 하는 일들은 종교의 자유를 억누르는 것이라는 반발도 있었다. '미션 스쿨'이라는 독특한 교육 체제와 '종교의 자유' 사이의 갈등은 100여 년 가까이 해결되지 않고 지속되어 온 셈이다.

그러나 조선의 교육을 이야기할 때, 선교사들 혹은 기독교 교육자들의 역할은 과소평가될 수 없는 일면을 분명히 가지고 있었다. 선교라는 '사명'에서 출발한 교육사업이었지만 조선 근대 교육의 초석을 다지고, 전문학교 설립에 큰 기여를 한 점은 분명한 사실이기 때문이다.『삼천리』1930년 7월호의 「이화여자대학 출현」이라는 기사를 보면 이화여자대학 설립을 위해 미국과 한국을 동분서주하며 모금운동을 벌였던 아펜젤러에 대한 찬사의 목소리를 확인할 수 있다. 기독교 학교에 대한 불만의 목소리가 있었던 다른 한편에서는, 서양 선교사들의 헌신에 대한 칭송도 높았던 것이다.

여학생들은 엄격한 규율과 규칙 속에서도 자기들 나름의 방식으로 학교생활을 즐기기도 했다. 취침 시간 강제 소등이 이루어지면 옷장 속에 숨어 촛불을 켜놓고 책을 읽기도 하고, 사감이나 주임의 눈을 피해 운동 시간이나 묵독(黙讀) 시간에 친구들과 편지나 쪽지를 주고받기도 했다. 외출하는 날에는 꽃구경, 활동사진(영화) 구경, 연극 구경을 큰 낙으로 삼았다. 그래서 기숙사 생활은 종종 여학생 시절의 가장 큰 추억거리로 기억되곤 했다.

당시 우스개 소리로 부르던 여학교 별명들이 있다. 경성정신여학교는 정신병학교, 동덕여학교는 똥통(영문명 Dong-Duk에서)학교라는 별칭으로도 불렸고, 배화여학교는 배위학교 즉 견습학교, 이화여학교는 외화(外華=사치)학교라 하기도 했다. 특히 이화학당과 이화여전은 '로맨스 제작소, 유행의 원천지'로 유명하다는 말과 함께 '조선의 씨크껄(chic girl)'의 집합지라고 소개되고 있다(「여학교 통신」, 『신여성』, 1933.6). 진명여학교는 늙은학교(進明>長命), 또 숙명여학교는 열아홉 명학교 (일본어로 숙명=죽구메), 경성여자고등보통학교는 값비싼(高等) 학교로 불렸다. 학교를 유희의 대상으로 삼은 학생들의 장난 스러움과 유머가 엿보인다.

연애의 주인공 혹은 희생양

연애 열풍과 이상형

1920~1930년대 교육 관련 자료에서 심심찮게 발견할 수 있는 테마들 가운데 하나가 '풍기 문제'이다. 풍기 문제를 다루는 글들은 대개 남녀 학생들의 이성 교제와 관련된 것들이었다. 학생들이 연애 관계에 빠지면서 풍기가 문란하게 되어 큰 문제라는 어른들의 우려의 목소리가 상당히 높았음을 짐작할 수 있다. 날로 문란해지고 악화되어 가는 풍기 문제를 어떻게 할 것이냐, 어린 학생들을 어떻게 선도해야 할 것이냐 하는 문제로 어른들은 종종 입씨름을 벌이기까지 했다. 사춘기에 해당하는 17~20세 소녀들은 유혹에 빠지기 쉽기 때문에 잘

단속하지 않으면 안 된다는 이유에서였다(「여학생의 유혹 문제 해부」,『신여성』, 1926.10).

당시에 엄격했던 학교생활이 학생들의 행동을 일일이 규제했지만, 학생들 사이에 퍼져가고 있던 '연애열'을 막을 방법은 없었던 모양이다. 자유연애 사상이 풍미했던 그 시대에 젊은 학생들이라고 예외는 아니었기 때문이다.

무엇보다 자유연애 사상의 핵심은 부모의 간섭 없이 개인 스스로가 배필이나 연인을 자유롭게 선택할 수 있다는 데 있다. 그렇다면 당시 선택의 자유가 주어진 청춘 남녀들은 어떤 상대방을 가장 선호하였을까? 특히 당대의 신여성들은 최고의 신랑감으로 어떤 남성을 선호하였을까?

이와 관련하여『신여성』1924년 5월호에는 「미혼 남녀들의 바라는 남편, 바라는 아내」라는 설문조사가 실려 있는데, 이 내용에 따르면 1920년대 초 청춘 남녀들이 바라는 이상형은 취미와 이상을 함께 나눌 수 있는 정신적 동반자에 가깝다는 것을 알 수 있다.

　"조용한 아침바다와 같이 넓고도 깊고 따뜻한 얼굴빛과 부드러운 마음을 가지고 그리고 맑은 이성을 잃어버리지 않는 숭고한 사랑을 가진 여자, 나는 그를 바라고 기다립니다."(수원 홍화)
　"넓지 않더라도 문학 취미와 음악 취미만 약간 가졌으면 비록 그 길에 깊은 연구나 기술이 없더라도 다소간 취미만 가지신 사람이면 훌륭합니다. 그러면 그 생활도 끔찍히 고상하고 취미가 풍족하여 화평한 생활만 될 것입니다.”(서울 재동 박정○)

약간의 취미를 갖고 있으며, 숭고한 사랑을 할 수 있다면 ‘화평한 생활’을 누릴 수 있으리라는 이러한 낭만적 이상은 어디에서 비롯된 것일까? 이상형에 관해 말하면서 정신적 결합이니 개성이니 취미니 운운하는 것은 일종의 시대적인 분위기 때문이었다. 이는 ‘자유연애는 영육 일치’이며 ‘연애는 신성한 것’이라는 엘렌 케이의 사상이 폭넓게 공감대를 형성한 결과라고도 할 수 있다. 구리야가와 하쿠손의 ‘신연애론’과 더불어 노르웨이의 사상가 엘렌 케이의 ‘연애결혼론’은 동북아 삼국에서 한 시대를 풍미한 히트 상품이었고, 그들의 책 『근대의 연애관』과 『연애와 결혼』은 그 시대의 필독서였다. 1924년 한 여학교 설문조사에서 문학가가 교육가와 실업가 다음으로 선호하는 배우자감으로 조사되었다는 것 또한 당시의 낭만적인 시대적인 분위기와 결코 무관하지 않을 것이다. 문학을 업으로 삼는 이가 낭만적인 연애 상대를 넘어 이상적인 배우자로 손꼽혔던 것은 1920년대 특유의 현상이라고 할 수 있다.

그러나 1930년대 여학교 학생들을 대상으로 한 설문조사에서는 좀더 현실적이고 구체적인 결과가 나타났다. 『삼천리』 1932년 3월호에 실린 「학창을 떠나려는 여학생의 결혼 조건」을 보면, 과반수의 여학생들이 대학이나 전문학교 출신을 원

하는 것으로 나타났고, 선호하는 배우자의 직업도 회사원-기자-사회운동가-문인의 순이었다. 실업가나 문인을 가장 선호했던 1920년대와는 사뭇 달라진 모습을 발견할 수 있다. 월수입은 30원 이상이어야 하고, 문예 방면에 취미가 있는 남성을 원한다는 대답이 많았는데, 이는 현실적인 문제를 충족시키면서도 함께 취미를 나눌 수 있는 동반자를 원했던 것으로 풀이할 수 있다. 1935년의 조사에서는 회사원(사라리맨)-의사-상안-교사 및 기자 변호사 순으로 나타났다(「내가 이상하는 신랑 후보 조건」, 『삼천리』, 1935.1). 이들 역시 남편 될 사람이 "문학을 조금이라도 이해하는 이"여야 한다는 데는 이전의 조간과 일치한다. 『별건곤』이라는 잡지에서는 "여학생들의 구혼 경향도 의복이나 화장법 같은 유행처럼 자꾸 변동이 생긴다"면서 초창기의 문학전성시대(문학청년을 선호하던 시기)를 지나 '법학대두시대-의학발흥시대-황금만능시대'로 넘어가고 있다는 진단을 내놓기도 했다(「신여성 구혼 경향, 신랑 표준도 이러케 변한다」, 『별건곤』, 1926.12).

한편 사회주의 사상이 풍미하던 시대에는 '붉은 연애'가 젊은 청춘들을 사로잡았다. 콜론타이의 저서 「적연(赤戀, 붉은 연애)」은 '자유로운 육체적 결합' 혹은 '연애는 사적인 일(私事)'이라는 사상을 전파하면서 여주인공 바시리사의 연애를 새로운 연애의 모델로 제시하였다. 그러나 이러한 사회주의적인 연애 사상 역시 '방종한 연애'를 낳을지 모른다는 우려를 낳게 되고 뭇 시선들의 경계망 속에 놓이게 된다.

"코론타이주의의 조종인 「적연」의 주인공 왓시릿사에게 있어서는 그 사회정세와 계급투쟁의 합리를 수긍하나 그것을 맹신하고 연애를 오로지 완룡물 취급하는 오늘날 일군의 부색(否塞)한 청년들을 우리는 물리치는 바이다."(안회남, 「청춘과 연애」, 『신여성』, 1933.5)

남녀 학생 풍기 문제

학부형과 학교 측에서 그토록 걱정했던 '풍기 문란'이란 무엇을 말하는 것이었을까? 낭만적인 연애와 이상형을 상상한다고 해서 그것만으로 풍기 문제가 성립되는 것은 아니다. 당시로서는 '연애질'이라고 해봐야 기껏해야 연애편지를 주고받는 것이 전부였었다. 그러나 어른들에게는 남학교와 여학교의 담장을 넘나드는 편지가 가장 큰 골칫거리였던 셈이다. 『신여성』 1924년 11월호(소춘광, 「여학교 당국에게」)에는 "학교에서 터득하는 교육은 '연애'라는 단어와 '자유'라는 문자를 남성의 연서에서 발견할 수 있는 정도밖에는 못 되는 듯 하다"는 불만의 소리가 실려 있는데, 이는 학교교육의 부실을 책망함과 함께 학생들 사이에 만연한 연애 풍조를 꼬집는 내용이다.

염상섭의 장편소설 『이심』(1928)에는 단순한 편지 왕래로 교제를 시작한 남학생과 여학생이 호들갑스런 어른들 때문에 불순한 관계로 매도되고, 결국 퇴학까지 당하는 이야기가 등장한다. 두 학교 사이의 편지 왕래에 대경실색한 학교 선생들

여학생과 남학생(「학생만화」,
『별건곤』, 1927.1).

이 대책회의다 징계다 하며 학생들을 오히려 타락의 구렁텅이에 몰아넣는 것이다. 편지 한 장이 젊은 남녀를 학교와 가정에서 내몰리게 만들고, 끝내 타락과 죽음을 빚게 만들었다는 소설 속 이야기는 극단적인 측면이 있지만, 당시에 남녀 학생들 사이에 오갔던 편지가 어느 정도로 주목의 대상이었는지 짐작할 수 있다.

편지로 시작해서 만남으로 이어지고, 결국에는 남녀 학생간의 접촉이 생기면서 커다란 비극과 불행을 빚을 수도 있다는 생각, 까딱 잘못하면 험상궂은 구덩이에 빠져 인생을 무참히 짓밟히게 된다는 걱정은 꽤 완고한 것이었다. 이런 학부형들의 고민을 근거로 여성지에서는 유혹에 빠져 신세를 망치거나, 졸업하고 첩이 되어 가는 사람들에 대한 기사들로 경각심을 일깨우기도 했다. 거기에는 잘못해서 몸을 버리게 되면 첩밖에 될 것이 없다는 이야기들이 버젓이 씌어 있었다. 그러나 학창 시절 「러부렛타-의 告白」을 보면 편지를 매개로 접촉이 이루어지기보다는 편지 주고받기 그 자체가 곧 연애의 전부인 경우가 많았음을 짐작할 수 있다. 여성 사회운동가 우봉운은 여학교 시절부터 졸업 이후까지 편지를 주고받았던 5년 동안 나중에 남편이 된 남학생의 얼굴을 한 번도 본 적이 없었다고 고백한다(「러부렛타-의 告白」, 『삼천리』, 1930.10).

물론 연애편지와 교제는 이성 친구 사이에서만 이루어진 일은 아니었다. 『별건곤』에 실린 「여류명사의 동성연애기(1930. 11)」를 보면 여학교 출신 유명 여성들 사이에서는 동성 친구끼리 연애를 했던 일이 흔한 일처럼 소개되고 있다. 여학교에 널리 퍼진 동성애의 폐해가 적지 않다는 주장이 제기되는 가운데, 여학생들은 자신들만의 자매애를 발견해 가고 있었고, 이성관계와 다른 우정과 유대감을 느끼고 있었다. 간혹 동성 간의 연애가 삼각관계 등의 심각한 문제에 부딪쳐 교내에서 자살 기도가 벌어졌다는 풍설도 흘러나오곤 했지만, 대체로 이들의 사랑은 '순수하고 깨끗한 사랑'으로 용인되는 편이었다. 다만 그들의 관계를 하나의 독립적인 애정의 방식으로 이해하기보다는 여학교 시절의 특수하고 과도기적인 현상으로 보거나 주목할 만한 가십거리 정도로 보는 것이 보편적이었다. 그랬기에 "동성애 습관이 자라나 결국에는 이성애 즉 남성과의 연애로 발전할 수 있으니 학교 당국에서는 특히 주의해야 한다"(일기자, 「여성평론-문제의 동성연애」, 『신여성』, 1926.3)는 경계의 목소리도 나왔던 것이다.

풍기 문제가 교육계와 사회의 중요 이슈로 떠오른 것은 크게 두 가지 원인을 꼽을 수 있다. 하나는 '여학생 단속'을 자신들의 주된 책임으로 삼았던 학교 당국자와 학부형들이 과잉대응을 하거나 성급하게 일반화 시켰기 때문이고, 다른 하나는 신문잡지의 센세이셔널리즘 때문이라고 할 수 있다. 같은 시기, 같은 지면에서도 논자에 따라서 "풍기가 전혀 문제될 것이 없다"는 시각과 "풍기 문제가 날로 심각해지고 있다"는 진단이 뒤섞여 있었다(「남녀학생 풍기 문제」, 『현대평론』, 1927.7).

풍기 문제를 주로 여학생 탓으로 돌리거나 여학생을 단속해서 해결할 일이라고 생각했던 것은 물론 남녀 차별적인 발상에 근거한 것이다. 동덕여학교 교장인 조동식은, 여학생들을 두고 풍기가 문란하다고 세상이 떠드는 것은 남자에게는 관대하고 여자만 시비 삼는 인습의 탓이라면서 여학생들을 꾀이려고 기를 쓰는 남학생들이나 '취체(단속)'하는 것이 더 시급한 일이라고 꼬집기도 했다(조동식, 「풍기와 조선 여학생」, 『신여성』, 1933.10). 그러나 대다수의 사람들은 성문제에서 피해를 보는 것은 주로 여자이므로 조심하는 것이 최선이라고 믿었다.

여학생의 풍기문란 사례들을 기를 쓰고 수집하여 보도하는 행태는 신문·잡지의 상업주의 경향과 무관하지 않다. 당시 여학생들은 수도 적었을 뿐만 아니라 새로운 스타일의 인간형(모던걸)이라는 점에서 큰 주목의 대상이었다. 소위 '여학생'이라는 기호가 좋은 상품이 될 수 있었던 셈이다. 그래서 당시 신문·잡지들의 무책임한 폭로 행태는 "여학생을 중상(中傷) 구무(構誣)하여 이득을 얻는 경영 정책"(「성교육문제좌담회」, 『여성지우』, 1929.2)이라고 비판받기도 했다. "춰미니 실익이니 하는 엉터리로 여자 성교 생식기 처녀막 연애 방약무인한 욕설 이따위 음담패설로 잡지쟁이들이 공복을 채운다"(홍부, 「연애의 차별적 대우」, 『근우』창간호, 1929.5)는 비난 역시 당시 신문·잡지의 보도 행태에 대한 강한 불만의 표시였다.

성교육, 여학생 단속 방책

남녀 학생 '선도' 방안

　남녀 학생들 간의 접촉과 이성 교제의 기회가 확대되면서 성교육에 대한 관심이 비로소 싹을 틔우기 시작했다는 것 또한 이 시기의 중요한 특징이다. 당시 학교 측과 학부형들은 10대의 소년·소녀들을 어떻게 '선도'할 것인가를 두고 논란을 벌였다. 선도라는 말에서도 알 수 있듯이 남녀간의 사교 혹은 성문제는 나쁜 길로 빠지기 쉬우며, 따라서 그냥 내버려 두어서는 안 된다는 문제의식이 제기된 것이다. 1920년대에는 풍기 문제나 선도의 방법을 중심으로 논란이 벌어졌다면 1930년대에는 성교육 실시 여부 혹은 성교육 방법에 관한 논의들이 나오게 된다. 이 시기에 남녀교제의 옳고 그름을 따지는 것은 이미 더 이상 중심 문제가 아니었고, 실질적인 성교육 방침을 심각하게 고려해야만 할 필요성이 커졌다고 볼 수 있다.

1920년대에 학교 당국자들이 고심 끝에 내놓은 '선도책'이라는 것을 보면, 계속해서 학교에 온 편지를 조사 감시하고 기숙사 운영을 엄격하게 하자거나, 연애편지에 넘어가지 않을 정도의 큰 이상을 가지도록 교육하자는 수준이었다. 이 가운데에는 "숙제를 많이 내 주고 시험을 많이 봐서 학생들이 놀 시간을 없게 하자"는 웃지 못할 '궁여지책'도 있었다. 그러나 결국은 "막혔다 터진 물결과 같은 청소년들의 감정을 막을 수는 없는 일"(「문란악화해 가는 남녀 학생 풍기 문제」, 『신여성』, 1925.6,7 합본호)이라는 인식이 차츰 확대되어 갔다.

남녀 교제를 막는 것이 해답이 될 수 없다면 교제를 올바른 방향으로 이끄는 것 외에는 방법이 없었고, 그래서 그들은 '자유롭게 널리' 그러나 '개방적으로 고결하게' 이성을 사귈 것을 권했다. 편지 몇 장으로 경솔하게 상대방을 선택하거나 교제하는 것은 위험하다는 생각이었는데, "연애편지로 대번에 꿀 같은 교제가 시작되고 속히 육교(肉交)까지 가게 된다"는 이유에서였다. 또한 하숙집이나 강습소에서 타락이 많이 일어나므로 꼭 여럿이 모인 자리에서 자연스럽게 두루두루 사귈 것을 호소했다.

시간이 흐를수록 "이성간의 교제란 자연스러운 감정의 흐름이며 본능과도 같은 것이니 간섭 말고 내버려두어야 한다"

며 "무방책이 방책"(김미리사)이라거나 혹은 "선도라는 말부터 폐지"(서정희)하자는 '급진적인' 의견이 종종 대두되기도 했다 (「청년 남녀교제의 선도책 如何」, 『별건곤』, 1929.2). 그러나 대개는 학생들에 대한 '감독'과 '지시'가 필요하다는 의견이 지배적이었다. '학생'이기 때문에 그리고 아직 '어리기' 때문에 그들은 보호와 관리의 대상으로 남아 있어야 했던 것이다.

그렇다면 성교육은 누구를 대상으로 어떻게 실시해야 할까? 성교육 문제가 시급한 과제 가운데 하나라는 데는 공감대가 형성되었지만, 구체적인 대상과 방법에 있어서는 의견이 분분했다. 1929년 2월 『여성지우』의 「성교육문제 좌담회」에서는 "성 문제에 관한 한 여성의 경우가 파문과 폐단이 크므로 여성에 국한하자"는 남성 논자들과 "남성 성교육 문제 역시 중요하다"는 여성계 인사들이 대립하는 모습을 보였고, 1933년 2월 『신가정』의 「남녀 학생 사교문제 대좌담회」에서는 전문학교 이상을 대상으로 할 것이냐, 중등학교(고보 및 여고보) 학생들에게도 실시할 것이냐가 주된 논란거리였다. 춘기발동기(春機發動機, 사춘기)에 성 지식을 넣어주는 것이 해가 된다거나 득이 된다거나 하는 논란은 쉽게 그치지 않았다.

성 지식에 관해서는 많이 아는 것도 문제요, 모르는 것도 병폐라는 것이 이들의 고민이었다. 논자에 따라서는 "성문제에 관해 지식이 너무 없었기 때문에 문제가 생긴다"는 시각과 "성문제가 너무 남용되고 있는 것이 오히려 우려할 일"이라는 시각이 충돌하는 양상을 보였다. 이렇게 현상을 바라보는 입장과 기준은 늘 착종을 일으키곤 했다.

성교육이 왜 필요한가에 대한 의견들도 흥미롭다. "성교육을 받지 못한 사람은 저급의 연애소설이나 산문시 같은 것을 보고 날뛰게 된다", "너무 성문제를 감추게 되면 장애나 심리적 문제가 생기고, 신경쇠약 등 정신병이 발병하는 경우도 있다", "자독(自瀆, 자위행위)에 쉽게 빠지게 된다", "성교를 속히 하고, 성숙해지기도 전에 극렬히 해서 정신적 변조를 일으켜 범죄를 하는 일도 있다" 등이 지적되었다. 학교 선생들 가운데는 "학생들이 심한 성적 충동을 참지 못하여 (자위행위 등으로) 건강을 상하고 학력도 열등해진다"며 우려하는 목소리가 특히 많았다(「학교와 가정의 시급문제 성교육 실시 방책」, 『별건곤』, 1929.2). '질병과 범죄의 가능성' 혹은 '학습 능력 저하'를 내세워 청소년의 성을 관리하고자 하는 시도는 이 시대에도 강력한 힘을 얻고 있었던 셈이다.

성교육 방법에 대해서는 "학교에서 성교육을 필수 과목으로 해야 한다"는 수준의 지적 외에 별다른 뾰족한 수가 없었다. 마땅한 성교육 교과서도 미비한 실정이어서, 교재로는 일본의 통성술을 비롯하여 「여자의 일생」이나 「테스」, 「백의인」 등이 추천되었다. 「백의인」은 "성교를 속히 했다가 실패한 여성의 이야기"라는 점에서, 교훈을 줄 수 있을 것이라는 설명이었다. 이들 소설책들이 성교육 교재로 거론된 것은 결국 '여자는 몸을 조심할 필요가 있다'는 취지에서 비롯된 것임을 알수 있다.

단속과 규율 위주의 성교육 방침은 다양한 방식으로 공론화되었다. "여자가 자주 남자를 갈게 되면 그 여자의 체질이 약해지고 생식기능이 감퇴"한다는 것이 그 단속의 근거로 제시되기도 했고(고문룡, 「성의 지식」, 『여인』창간호, 1932.5), "생식기를 잘못 사용하면 성병에 걸린다거나 자기 일신이 망하고 실패에 빠진다는 것을 주의"시키기 위해 "생식기 사용법"을 올바로 가르쳐야 한다(「남녀학생 사교문제 대좌담회」, 『신가정』, 1933.2)는 말도 나왔다. 그러나 또 한편에서는 '남녀간의 공공생활의 결합과 훈련이 없는데서 오히려 큰 폐단이 생기므로 초등학교부터 남녀공학을 실시해야 한다(이정섭 외, 「성교육 실시방침 여하」, 『신가정』, 1933.11)는 주장도 제기되었다. 성교육을 하되 생리적 측면만이 아니라 '새로운 사상'으로 가르쳐야 한다는 견해들도 표출되었는데, 그 가운데는 나혜석과 같이 '시험 결혼(계약 결혼)'이라는 당시로서는 파격적인 길을 제시하는 경우도 있었다(「신양성 도덕의 제창」, 『삼천리』, 1930.5).

여학생과 '제2부인' 문제

여학생이란 새로운 인물군은 달콤한 연애편지의 상대자 혹은 연애의 주인공으로서 당대의 유력한 '유혹자들'로 등장했지만, 또한 '유혹에 빠지기 쉬운 존재'로 받아들여지곤 했다. 외부 환경의 영향을 많이 받는 취약한 존재들이므로 '보호' 또는 '감시'해야 할 존재라는 이야기이다. 그래서 유혹을 하는 쪽이든 당하는 쪽이든 여학생은 주로 조심시켜야 할 대상으로 취급되었다. 성교육이나 선도책의 초점이 '여학생 단속'에 맞추어졌던 것에는 여성에게 불리하게 돌아가는 인습과 도덕관념의 영향도 분명 있었지만, 당대 신여성들이 맞닥뜨렸던 현실과도 관련이 있다. 그 현실이란 재래(在來)의 가정제도와 새로운 결혼제도가 뒤섞이면서 벌어진 상황을 말한다. 배우자를 자유롭게 선택하는 것을 골조로 하는 '새로운 결혼 방식'은 가족과 가문 중심의 결혼 풍습 혹은 가족 구성과는 충돌할 수밖에 없었다.

신교육을 받은 남성 측에서 보면 그들의 이상적인 배우자는 역시 교육받은 여성들, 즉 여학생 출신들이었다. 이광수의 『무정』(1917)에서 경성제대 출신의 주인공 이형식은 배움이 있는 여성을 꿈꾸면서 여학생 선형과 기생 영채 사이에서 번민한다. 사회 일각에서는 "여학교 졸업장이 매우 훌륭한 결혼 조건이 되고 있다"는 비판도 나왔지만, 실제로 여학생들을 선호하는 풍조는 분명히 있었다. 그러나 당시 많은 수의 지식인 남성들은 기존의 관습에 따라 조혼을 했고(조혼 풍습은 30년대까지도 크게 줄어들지 않았다), 신남성의 이상적 연애 상대였던 신여성이 별 수 없이 '제2부인'의 처지에 처하는 경우가 생기게 되었다. 지식인 남성들은 구식 아내를 버리고 신여성, 즉 근대 교육을 받은 여성을 선택하는 것으로 자신의 '진보성'을 입증하고자 했다. 그러나 좋게 말해서 '제2부인'이지 법률적, 도덕적으로 그들의 지위는 명백히 '첩'과 다를 바가 없었다.

또한 남자 편에서 보자면 그는 중혼을 하게 되는 셈이었다.

이러한 상황이었으므로 속아서 혹은 허영심 때문에 졸업 후 첩이 되는 여학생들이 있다는 지탄의 목소리도 있었고, "딸에게 애인이 생긴다면 꼭 민적 등본부터 조사해 보아야 한다"(「자녀에게 연애가 생겼다면 부모는 어떠한 태도를 취할까」, 『신여성』, 1926.6)는 이야기도 나왔다. 이들의 존재가 사회적으로 주목의 대상이 되면서, 『신여성』지는 심지어 1933년 2월호에 「제2부인 문제 특집」을 내놓기도 했다. 여기서 어떤 논자는 "현실을 바라볼 때 웬만한 인텔리 여성이 민적 없는 아내, 즉 제2부인임을 발견하게 된다"며 "인습의 제단에 바쳐진 그들 희생자"들을 구제할 방법이 필요하다고 주장한다(전희복, 「제2부인 문제 검토」). 그러나 또 한편으로는 "제2부인이란 칭호는 첩이라는 천명(賤名, 천박한 이름)을 미화시키는 것에 불과하다"고 비난하는 시각도 있다(이익상, 「칭호부터 불가당」).

그런데 문제는 첩을 둔 남성들은 문제가 되지 않고 '제2부인'만이 문제가 된다는 데 있었다. 여기에는 인습이나 도덕뿐만 아니라 여전히 성차별적으로 작동하는 근대적 법률의 문제가 걸려 있다. 30년대 법률을 보면, 민사상 유부녀가 간통을 하면 그 남편이 이혼 청구를 할 수 있고, 여자는 이혼 후 그 간통한 사람과 혼인신고를 하지 못한다. 그리고 형사상으로 그 유부녀는 이혼당할 뿐만 아니라, 1개월 이상 2년 이하의 징역에 처해진다. 그러나 남자의 경우는 다르다. 남편이 중혼을 하면 아내가 이혼 청구를 할 수 있으나, 그 중혼이란 법률상의 혼인만을 말하며 동거나 예식과는 구별된다. 그리고 아내는 간통만 하면 이혼 조건이 되지만, 남편은 간통죄로 형을 받은 때에 한하여 이혼 조건이 된다. 그러니까 남자들은 혼인 신고만 하지 않으면, 얼마든지 동거나 예식을 실행해도 처벌받지 않는 것이다. 이러한 법률은 사실상 축첩을 용인하고 있다고 해도 그른 말이 아니었다. 따라서 잘못하면 여자만 손해라는 인식은 쉽게 사라지기 어려웠고, 성교육이나 선도책이라는 이름으로 여학생에 대한 단속은 지속될 수밖에 없었다.

대중문화의 향유자들

'연병(戀病)'과 '문질(文疾)'

여학생들이 낭만적인 연애를 꿈꾸고, 연애편지 쓰기에 심취해 가는 풍조를 개탄하는 사람들은 여학생들을 부추긴 주범으로 '잡스러운 문예물'을 꼽는다. 즉, 고급 문예물이나 사회과학 서적 대신에 저급 문예소설, 즉, 연애소설류에 심취해 학생들이 허영과 환상에 들뜨게 되었다는 것이다. 뿐만 아니라 연애소설을 읽고 소설 속 주인공에 동화된 나머지 연애 지상주의자가 되어 정조를 깨뜨리게 됐다든가(혜란, 「일찍이 첩 되얏든 몸으로」, 『신여성』, 1925.5), 경박한 연애주의가 독서 중독에서 비롯됐다든가 하는 말들이 여기저기서 쏟아져 나왔다. "연애

병(戀愛病)과 문약질(文弱疾)이라는 악착한 악마"가 남녀 학생들을 갉아먹고 있다는 우려도 같은 맥락에서 제기되었다(박달성, 「남녀학생의 戀病과 文疾」, 『신여성』, 1924.7,8 합본호).

그러나 이는 다른 면에서 보자면, 낭만적인 연애의 환상(로맨스)과 문학에 대한 욕구가 서로를 추동하는 힘이라는 사실을 말해주는 것이기도 하다. 이상형을 머릿속에 그려보며 끝없는 상상력을 펼쳐가는 것 자체가 문학적 욕구의 시작일 수 있다는 점, 그리고 문학 작품이 또한 그 상상에 연료를 제공한다는 점은 어느 때나 불변의 진리였던 모양이다. 이화여고보의 한 교사는 "주임이나 학생감이 여학생들에게 온 편지를 살펴보면 그 내용이 훌륭한 것들을 많이 찾아볼 수 있었다"고 증언하기도 했다(「문란악화해 가는 남녀 학생 풍기 문제」, 『신여성』, 1925.6,7 합본호). 당대의 연애열과 편지열이 곧 문학청년들을 양산해 내는 밑바탕이 되고 있었음을 짐작할 수 있다.

사실 교육받은 여학생들의 등장은 곧 문자를 해독하고 문자 문화를 향유할 수 있는 새로운 계층의 탄생을 의미하는 것이기도 하다. 그리고 또 한편으로는 새로운 문자 상품의 구매력이 창출된 것으로 볼 수도 있다. 80~90년대 여학생들을 겨냥해서 만들어진 하이틴 로맨스 소설이 폭발적인 인기를 끌었던 것처럼, 20~30년대에도 여학생들을 열광시켰던 로맨스물이 있었다. 당시 여학생들은 노자영의 연애서간집 「사랑의 불꽃」과 「강명화 실기」(이루어질 수 없는 사랑에 목숨을 던진 기생 강명화의 실화), 그리고 국지관(菊池寬, 기쿠치간)의 연애 소설을 읽으면서 눈물을 뿌리며 쉽게 동화되었다. 그리고 고급과 저급, 순수문학과 통속문학의 경계가 이미 확실하게 제도화 한 상황에서(천정환, 「근대의 책읽기」, 푸른역사, 2004), 여학생들의 그러한 독서 경향은 잡스럽고 비속한 것으로 매도될 수밖에 없었다.

그러나 여학생들이 낭만적 사랑의 환상에만 빠져 있었던 것은 아니다. '여성해방의 교과서'라고 불렸던 입센의 「인형의 집」은 책이나 연극으로 많은 호응을 얻었고, 그 중심에는 여학생들이 있었다. 남편과 자식을 버리고, 즉 안락한 가정을 박차고 집을 나간 주인공 노라의 행위는 이들에게 하나의 고민거리를 제공해 주었다.

한편 1920년대 중반에 유행했던 사회주의 사상은 여학생들에게 많은 영향을 끼쳤다. 당시 「사회주의학설 대요」와 같은 책이 『신여성』의 광고란에도 큼지막하게 게재되는 등 사상서에 대한 관심이 전사회적으로 고조되었다. 예전에 비해 서점에서 연애소설 대신 사상서를 찾는 여학생이 늘었고(서점 주인의 말, 『신여성』, 1926.4), 사회주의 여성운동가 콜론타이의 「붉은 연애」와 같은 책들이 새로운 연애 소설의 대명사로 인기를 끌게 되었다.

그러나 대체로 여학생의 독서 경향과 문학 경향에 대해서 기성세대들의 시각은 초지일관 곱지 않았다. 감상적인 기분과 저속한 독서 취미를 가진 까닭에 여학생들의 창작 활동이나

문예 활동조차도 센티멘털리즘과 애상에 젖어있다는 식이었다. 그리고 이러한 비판은 여성들이 문단에 발을 들여놓은 뒤에도 크게 달라지지 않았다. 김명순이나 김원주와 같은 시인들의 글에 대해 감상주의에 빠진 소녀 취미에 지나지 않는다는 힐난은 여성의 취향을 폄하하고자 하는 시선들과 무관하지 않았다.

여학생 독서 경향

학생들이 "책을 너무 안 읽는다"는 어른들의 걱정스런 목소리는 지금과 마찬가지로 그때에도 있었다. 다만 책을 안 읽는다고 말할 때, 요즘에는 영상문화와 인터넷 환경 탓에 '문자로 된 인쇄 매체'를 멀리한다는 총체적인 현상을 지적하는 의미가 강하지만, 예전에는 '고급 교양서적이나 명작'을 읽지 않는다는 의미를 내포하고 있다. 지금도 이러한 생각이 남아있긴 하지만 당시에 연애소설이나 시집, 잡지 등은 제대로 된 '독서행위'에 포함되지 않았다. "소설을 보더라도 소위 연애소설 따위 그것도 극히 안가한(安價, 값싼) 국지관 등 소설 몇 권을 읽는 데 불과하고 명작을 심독하는 경우를 찾아볼 수 없다"(이헌구, 「현대여학생과 독서」, 『신여성』, 1933.10)는 지적에는 바로 그러한 태도가 깔려 있었다.

당시 조선총독부 도서관에 출입하는 학생들을 보면, 의학강습소 학생이 가장 많았고, 전문학교 입학검정시험을 준비하는 학생과 사범학교 학생들이 대다수를 차지했다. 즉, 요즘과 마찬가지로 시험을 앞둔 수험생들이 주로 도서관의 열람실을 차지하고 있었던 것이다. 여학생들은 주로 시험기간 동안에 도서관을 이용하였으며, 도서관에서 시험 준비와 숙제를 했는데, 매일 평균 30-40명 여성 입장자 중 조선 여성과 일본 여성의 비율은 6:4 정도였다고 한다(도서관 동시 수용 인구는 360명, 여자 자리는 16-25석). 열람서적의 분포를 보면 의학-교육-이학-가사-사회학-문학 순서로 나타났다(「도서관이 말하는 조선여성의 독서계」, 『신가정』, 1934.10). 의학 및 교육 서적이 수위를 차지하는 것 역시 1930년대 관립도서관의 기능이 시험 준비에 거의 국한되고 있음을 보여준다.

한편 여성들의 독서 경향과 관련하여 서점 주인들은 "여성들은 취미 서적과 잡지 외에는 거의 독서를 하지 않는다"면서 여학생들의 독서량과 질이 저급함을 비꼬았다. "전에는 연애

소설이나 신소설, 유행 창가집만 찾더니, 요즘에는 시집이나 소설집 등 문예서적도 많이 찾는 편"이라며, 1920년대 베스트셀러였던 「사랑의 불꽃」이나 「금자탑」은 완전히 몰락했다는 진단을 내놓기도 했다.

그렇다면 1930년대 초 여학생들에게 권장되었던 추천도서에는 어떤 것들이 있었을까? 1933년 여름방학을 맞아 사회 명사들이 여학생들에게 독서를 추천한 책으로는 여인들의 전기를 비롯하여 이윤행의 「문예독본」과 주시경 선생의 유고집, 조선의 역사, 「돈키호테」, 정탐소설, 「부인문제 10강」, 톨스토이의 「부활」 「我者의 성교육」 「世界名婦傳」 「돈의 경제학」 등이 있다(「방학과 여학생」, 『신여성』, 1933.7).

1934년 여름방학을 맞아 전문학교 여학생들이 읽은 책을 조사한 것에 따르면 「신사상의 해결과 선도」를 비롯하여 「처세와 수양」, 이광수의 「흙」, 노산시조집, 도스토예프스키의 「죄와 벌」, 베벨의 「부인론」 「유물사관」 「불여귀」 등이 있다(「그들의 夏休 독서와 그 독후감」, 『신가정』, 1934.10).

배화여고 도서실 독서 기록(1933년 9월부터 1934년 9월까지)을 살펴보면, 교과 관련 참고 도서가 압도적으로 우위를 차지했고, 이를 제외하면 문예(대개 소설), 역사, 수양, 취미, 윤리, 철학, 종교, 사회 서적 순으로 나타났다. 특히 문예 서적은 조선 서적보다 일본 서적이 많아 '기현상'으로 평가되었으며, 역사 서적 중에는 조선 역사가 대부분을 차지해 '신기한 현상'으로 평가되었다. 한편 이은상의 「역사사화」가 큰 인기를 끌었는데 이는 교과 과정 중에 조선 역사 과목이 없기 때문인 것으로 풀이되었다. 수양 서적으로는 교훈을 주는 것과 인격 수양에 관련된 것, 위인 및 성공담에 관련된 것들이 포함되었으며, 취미 서적으로는 모험담과 웃음거리, 묵은 잡지류 등이 있었다.

여학생들은 공공도서관을 출입할 기회가 매우 적고, 휴일에는 집밖으로 출입하는 일이 자유롭지 못했기 때문에 독서는 학교에서 하는 것이 전부라고 해도 과언이 아니었다. 배화여고 재학생 340명의 1년간 독서량이 총 406권에 불과했으며, 이는 1년에 1인당 1권이 좀 넘는 책을 읽은 셈이다(김윤경, 「여학생의 독서현상 해부」, 『신가정』, 1934.10). 학생들이 독서를 하지 않는 이유에 대해서는 지금과 마찬가지로 '무거운 학과 (수업) 부담'을 이유로 꼽고 있다.

이러한 분석과 함께 여학생들의 독서를 장려하는 방법도 모색되었는데, 김윤경은 이은상의 「역사사화」가 큰 인기를 끄는데 착안하여, "순한문이나 학구적 저술이 아닌 통속적으로(대중적으로) 쉬운 문체로 쓰인 역사서가 독서욕을 조장할 수 있으며 시대 요구에 대한 실익도 있을 것"이라는 진단을 내놓기도 했다. 그밖에도 독서의 길잡이가 될 '서적 비평 소개'가 꼭 필요하며, 도서관 출입이 어려운 사정을 고려해 '순회문고 기관'을 만들고, '독서회'를 장려할 것 등을 대책으로 제시하였다. 대중 역사서의 기획이나 서평 가이드와 같은 발상은 오늘날의 독서 장려책, 출판문화 부흥책과 놀라울 정도로 유사하다.

'잡유행가'와 취미·오락

 그렇다면 여학생들은 여가와 오락 시간을 무얼 하며 보냈을까? 독서보다 더 그들을 강렬하게 사로잡았던 취미란 무엇이었을까? 구태의연한 도학자의 태도를 걷어치운 감각적이고 신선한 연애소설에 흠뻑 취했던 것처럼, 여학생들은 문화를 향유하는 데 있어서도 역시 시대를 앞서 나갔다. 그녀들은 축음기에서 흘러나오는 경쾌하면서도 한편으로는 퇴폐적인 가락에 심취하고, 물 건너온 활동사진의 향연에 금세 눈을 빼앗겨 버렸다. 그들은 학창시절을 통해 문예적 감수성뿐만 아니라 그러한 대중문화적 감각까지도 키워가고 있었던 것이다.

 그러나 그들의 취미는 완고한 어른들의 눈에는 '저급한 독서 성향'만큼이나 '꼴사나운' 것일 뿐이었다. 요즘과 같이 당시 학생들에게도 '첨단'의 취미로 각광을 받던 음악과 영화 취향 역시 연애문학에 심취하는 경향과 마찬가지로 '저급한 취미'라는 비난과 걱정을 사곤 했다. 따라서 여학생의 취미란 "창가(唱歌)를 밥 먹듯 하고, 결혼식에 잘 몰려다니고, 밤새워가며 연애소설 읽기, 들러리 서기, 살 것도 없이 데파트(백화점) 순례하기 정도에 불과하다"(박노아, 「여학생의 취미 검토」, 『신여성』, 1931.6)는 비아냥거리는 소리가 높았다.

 여학생들이 들었던 '저급한 음악'이란 시중의 유행가들을 지칭하는 것이었다. 당시 지식층들의 언행에서 고급과 저급을 구별하려는 태도가 매우 뚜렷했음을 보여주는 증거들은 많이 찾아볼 수 있다. 음악의 경우 서양의 고전음악이 예술적 가치가 있는 고급음악이라면, 여학생들이 많이 듣고 부르는 '가레스스키'·'칼멘'·'리수일 심순애'·'데아보라'(1920년대), '아리랑'·'사께와나미다까(술은 눈물인가 한숨인가)'·'퍼식은 젊은이'(1930년대)와 같은 곡들은 천박하고 저급한 것으로 꼽혔다. 그리고 이러한 '시속의 유행창가'들은 '잡유행가'라는 말로 멸시되었다(「여학생 유행가 시비」, 『신여성』, 1924.6). 그래서 "거리에서 흔히 들리는 축음기 소리만 들어도 그 너무 속악함에 혼자 낯을 붉히게 된다(주요섭)."거나 "신여성으로서 여학생이 피아노 하나 칠 줄 모르고 브람스의 자장가 하나도 못 부른다면 수치(박노아)"라는 지식인도 있었거니와, 심지어 "저급 유행에서 쾌락을 얻는 것은 닭싸움이나 도박이나 난봉에서 얻는 쾌감과 마찬가지 류"라며 '박멸'하고 싶다는 말까지 나오기도 했다(현제명). 1930년대 들어서면 레코드 산업이 발달하고 유행가가 더욱 활기를 띠게 되어 "유행가곡에 대한 과거의 관념을 청산하고 새로운 신념을 수립하자"는 목소리도 나오게 되고 "그 시대 민중의 심리를 가장 여실히 묘사한 음악"이라는 인정도 받게 되지만(채규엽, 「유행가는 탄식한다」, 『삼천리』, 1933.3), 1920년대 중반까지만 해도 유행가라는 존재 자체가 사회문제의 한 가지로 취급되었음을 알 수 있다.

학생들이 '잡유행가'를 들어서는 안 되는 이유는 무엇이었을까. "남자와도 달라서 여자의 몸으로 더구나 학생의 신분으로 아름답지 못한 노래를 부른다는 건" 있을 수 없는 일이라는 것이 이유라면 이유였다. 음악이란 "꾸부러지기 쉽고 엇먹기 쉬운 어린이들의 성정을 순화시키고 그의 덕성을 기르는 데에 가장 중요한 가치가 있"는 것이어야 했다. 안 그래도 비뚤어지기 쉬운 나이의 학생들을 저속한 유행가가 부추기고 타락시킨다는 생각은 꽤 팽배해 있었다.

그러자 학생들을 그 지경으로 만든 교육 당국에 대한 질타의 소리도 터져 나왔다. 학교 창가 교재의 미비와 교양 교육의 부재를 개탄하는 목소리도 높아서 '학교마다 축음기를 비치하여 고상한 음악 감상을 훈련'시키는 것이 여자교육 개선안으로 심각하게 제기되기도 했다(주요섭, 「조선여자교육개선안」, 『신여성』, 1933.10).

유행과 취미에 대한 부르주아적 비난과는 다른 비판의 목소리도 있었다. "유행이란 돈 많고 배부른 자들의 재미에 불과한 것"이라는 견해가 그것이다. 「사의 찬미」와 같이 퇴폐적인 죽음의 노래는 "우리 사회를 위해 싸우는 청년들이 불러서는 안 되는 것"이었다(Y生, 「평론-'사의 찬미'에 대하여」, 『신여성』, 1926.10). 유행가 하나가 소년 소녀들을 타락시키고 망칠수 있다는 발상에서 그 시대의 과도한 진지함이랄까 엄숙주의가 느껴지기까지 한다.

1930년대 들어 경제 불황이 깊어지면서 여학생들의 소비 생활에 대한 비난의 목소리는 더욱 거세졌다. "영화, 등산, 스키, 음악회 등 근대 생활의 모든 오락기관의 부인객석은 언제나 여학생이 다수가 점령하는 편"이었으며 이는 "불황시대 조국의 현실을 돌아보지 않는 무자각한 소비"라는 것이다(김영순, 「여학생 제군에게 격함」, 『신여성』, 1932.8). "구두, 핸드빽, 화장품, 의복에 벼 여러 섬이 매달려 있다"(방인근, 「여학생론」, 『동광』, 1931.12)는 말 역시 당시에 통용됐던 '여학생=사치 및 허영 덩어리'라는 공식을 뒷받침하는 표현이었다.

1930년대 여학생들의 취미 가운데는 영화 관람이나 음악 감상 못지않게 화투, 트럼프, 마작(마짱)도 큰 몫을 차지했다. 전자가 취미에 해당된다면 후자는 오락이라는 이름을 붙일 수도 있는 것이었는데, 오락의 보편화 역시 '취미의 통속화'라는 질타를 받았다. 1933년 「가두유행풍경화」에 따르면 여성들이 막 수입된 권투시합 경기에 열광하여 필리핀의 권투 선수를 연모하는 경향도 나타났다고 한다.

1930년대 초만 하더라도 여학생이 자전거를 타는 것이 '흉잡힐 일'이라는 시각이 많았는데(「명일을 약속하는 신시대의 처녀좌담회」, 『신여성』, 1933.1), 1930년대 중반 1936년 즈음에는 '하이킹 열풍'이 도시를 휩쓸고 지나갔다. 학교마다 하이킹 클럽이 속속 생겨 큰 인기를 끌고 신문 잡지마다 하이킹 코스 소개 등이 봇물을 이루는 등, '여학생 하이킹 광', '하이칼라 하이킹' 등의 표현과 함께 하이킹 예찬이 종종 등장했다.

경제 파탄 그 한편에서는 소비문화가 확장되고 있던 시대, 삶의 영역이 점차 넓어지는 한편으로 전쟁의 소용돌이로 빨려 들어가고 있던 시대, 그때가 바로 1930년대였다. 근대의 성숙

기를 넘어 '퇴폐기' 혹은 '난숙기'라고까지 불릴 만큼 1930년
대는 이렇게 변화무쌍하고 복잡한 다면적인 얼굴을 가지고 있
었다.

유행과 패션의 선도자

'제복의 처녀'

여학생들의 연애와 취향에 대한 곱지 않은 시선 이상으로 많은 관심과 질타의 대상이 되었던 것이 바로 외양과 옷차림, 즉 패션이었다. 점차 대중 소비사회의 꼴을 갖추게 되면서 식민지 조선에서도 첨단 유행 패션의 바람이 불기 시작했고, 그 중심에는 여학생들이 있었기 때문이다. 유행이 소비사회를 지탱해 가는 힘이라면 유행을 선도하는 것은 바로 여학생들이었다.

최초의 여학생들은 하얀 저고리에 까만 치마라는 전형적인 옷차림을 하였다. 그러나 자세히 살펴보면 그 속에서도 패션과 유행은 변화를 거듭했다. 요즘 여학생들이 치마 길이를 늘였다 줄였다 하며, 교복 패션이라는 유행을 창출하듯이, 그때 여학생들도 치마를 짧게 입거나 굽 높은 구두를 신고 다니며 다리꼭지(머리숱이 많아 보이도록 머리 가운데에 붙인 것)를 드리는 등 나름의 변화를 즐겼다(「여학생의 세 가지 폐풍」, 『신여성』, 1926.4).

여학생의 의복과 옷차림에 관한 시선은 크게 두 가지로 나누어 볼 수 있다. 그 중에 하나는 여학생과 여학생 아닌 일반 여성들을 구별하기 어렵다는 점이고, 또 다른 하나는 여학생의 사치와 낭비가 심하다는 점이다.

1930년대 서양식 양장 교복이 도입되기 전에 여학생들은 하얀 저고리와 까만 치마를 입었는데, 이는 여학생이나 여학생 아닌 일반 여성이나 가릴 것 없이, 당시에 가장 흔한 옷차림이었다. 따라서 학부형들을 중심으로 여학생 고유의 표지, 즉 교복이 필요하다는 인식이 생겨났다. "기생과 같은 잡배들"과 여학생이 외양만으로는 전혀 구별이 되지 않아서, "트레머리에 흰 저고리, 검은 치마면 으레 잡스런 여자인 줄 안다"는 것이 그들의 불만이었다. 이와 관련하여 『신여성』의 편집자는 "탕녀와 여학생을 구별하는 경계선이 무너지게 되었다"며 "조선 여자 교육계에 생긴 저주(咀呪)"라고까지 표현했다.

지금 우리 조선여자교육계에는 남의 민족에게서는 별로 볼 수 없는 우스운 저주거리가 있다. 탕녀와 여학생을 구별하는 경계선이 무너지게 된 것이 그것이다. 기생의 거동이 여학생의 거동을 밟으며, 매소부(賣笑婦)의 정장(正裝)이 여학생의 행색을 좇는 폐단으로 인하여 은연중에 생기는 저주이다.

분별하는 힘이 적은 여학생들이 자기의 행색을 한 탕녀들을 자기로만 알고 사귀게 되면 유혹의 손에 붙들리는 폐단이 오죽 많겠으며, 여학생 행색을 한 탕녀들의 불미한 행동이 비칠 때 여학생들의 풍기가 그런 줄 알게 되는 데에서 여자교육계가 얼마나 큰 저주를 받게 되겠는가(「여학생 제복과 교표 문제」, 『신여성』, 1923.10).

교복을 지정하고 교표를 달아야 한다고 주장하는 이들은 이 문제 때문에 여학생의 이미지가 흐려짐은 물론 나아가 여성교육이 큰 타격을 입을 수 있음을 경고했다. 여학생들이 문란한 것으로 오인을 받을 수 있으며, 이 때문에 학부형들이 딸을 학교에 보내는 것을 꺼리게 된다는 것이다. 학교 마크는 남녀 풍기와 가짜 여학생, 미관상의 문제 때문에 꼭 필요하다는 주장도 제기되었다. 교표를 떼어버린 여학생 차림의 '가장(假裝)여학생들'이 거리를 활보하는 것이 못마땅했던 것이다.

1930년대 들어 각 학교마다 양장 형태의 교복을 지정하고부터 옷차림에 관련된 기생과 여학생의 혼란은 더 이상 문제가 되지 않았다. 아울러 30년대 초 '제복의 처녀'라는 영화가 큰 인기를 끌고부터는 교복을 '제복'이라고 부르는 것이 유행처럼 퍼지기도 했다. 이때 당시 '여학교 교복 평판기'를 보면, 동덕여고보는 상하의 모두 검은 색이었고, 숙명여고는 세일러복, 경성여고보는 누런색에 줄무늬가 있는 상의를 입었다. 정신여학교의 보라색 상의와 여자상업학교의 청색 교복이 눈에 띄었는데, 이 가운데서도 양장이 아닌 이화여고보의 교복이 가장 특색이 있었다(이숙종, 「경성 각 여학교 교복평」, 『삼천리』, 1936.8).

여학생 유행 시비(是非)

1920년대 초만 해도 여학생과 소위 탕녀들(기생, 매소부, 창녀)을 구별하기 위해 검은 치마에 띠를 두른다든지 치마 색깔을 달리 하자는 의견이 제시되었지만, 문제는 점점 다른 양상으로 흘러갔다. 여학생들이 종잡을 수 없는 행태를 선보이면서 패션 리더로서 거리의 신풍경을 연출하기 시작한 것이다. 그런데 유행이란 경조부박한 것일 뿐 아니라, 자본주의 사치병에 불과한 것이라고 생각하는 사람들에게는 여학생들의 유행 풍조가 곱게 보일 리 없었다. 그들은 대체로 유행에 대해 '도대체 이해할 수 없는 일'이라는 반응을 보이곤 했다. 유행이라는 것 자체가 불가사의하고 불가해한 것이라는 점에서 당시 사람들의 반응은 어쩌면 당연한 것이었을지도 모른다.

유행을 긍정적으로 보지 않는 만큼 그에 대한 각종 '시비(是非)'가 잇따랐는데, 예를 들면 '목도리 시비'와 '혁대 시비',

'단발 시비', '수학여행 시비' 등을 들 수 있다. 한갓 목도리나 혁대를 두고 옳고 그름을 가린다는 시비라는 말이 붙은 것도 흥미롭지만, 사실 그러한 문제 제기 자체가 당시의 시대상을 보여주는 사례라고 할 수 있다.

> 모든 잘잘못과 옳고 그름을 드러내 놓고 논의하여 시비 판단을 분명히 할 것이오. 그리하는 중에 개선과 향상을 도모해야 할 것이라…(「여학생계 유행가 시비」, 『신여성』, 1924.6)

대부분의 시비 가운데 '옳다'는 의견보다 '그르다'는 의견이 지배적이었는데, 이는 처음부터 시시비비를 가리려고 했던 의도 자체가 힐난과 비판을 기획한 측면이 강했다고 볼 수 있다.

그렇다면 그 시대의 유행과 그에 대한 시비는 어떤 양상을 띠었을까. 목도리의 경우를 살펴보면 1923년에는 목도리를 길게 늘어뜨리고 다니는 것이 유행을 했고, 1926년에는 자주색 목도리가 유행했다. 긴 목도리를 늘어뜨리거나 몸에 둘둘 말고 다닌다고 하여 '몸도리'라고 부르기도 했으며, '여학생=자주목도리'라는 공식도 등장했다.

'몸도리'라는 말에서도 알 수 있듯이 너무 길고 넓은 목도리 탓에 "사람은 안 보이고 목도리만 보인다"는 우스개 소리도 있었고, "목도리가 걸어가는 것 같아서 마치 어두운 밤에 도깨비 만난 듯이 몸서리가 난다"(김석송)거나 "폭과 길이가 너무 엄청나게 육척스러워 어깨가 무거울까 걱정”(변영로)이라는 말도 있었다.

1924년 여름에는 치마가 점점 짧아지고, 양산을 '뱅뱅' 돌리는 것이 여학생들 유행이라며 어른들은 혀를 찼다. 여학생들의 새로운 유행은 낯설고 망측한 것이었던 만큼 쉽게 풍자의 대상이 되기도 했다. 이해 여름 여학생들의 '노출 패션'과 관련하여 여학생들이 치마감이나 적삼감을 살 때 속이 잘 들여다보이는 옷감을 찾느라 비추어 보기에 야단인 모습을 풍자한 만화도 찾아볼 수 있다.(안석주, 『신여성』, 1924.7) “여학생들이 치마를 짧게 입는 까닭에 다리를 가리기 위해 길다란 양말을 신는데 겨울이면 발이 시리니까 양말 위에 또 조선 버선을 덧신는다. 그것도 이중생활이 아니냐”는 우스개 소리도 있었는데, 이는 유머라기보다 조롱에 가까운 것이었다.

또 1924년 가을에는 치마 위에 넓은 혁대를 두르는 것이 대유행을 하게 되었는데, 이 역시 잠자리 허리같이 너무 힘껏 졸라맨 것이 보기 흉하다든지 치마 밖으로 띠를 두른 것이 어울리지 않는다는 의견이 지배적이었다. 검은 치마 무색 저고리에 분홍이나 초록빛 혁대를 두르는 것은 “촌영감이 양복한 것 같은 모습”이라는 지적도 있었고(염상섭), “아랫배가 볼록 나와 보기에도 얼굴이 화끈거린다”(김기진)고도 했다. “곡선미가 살고 중심이 잡혀 보기 좋다”(김억)는 찬성 의견은 아주 드문 경우였다「여학생 신유행 혁대 시비」, 『신여성』, 1924.11). 조선식 치마저고리 위에 서양 부인들의 양장차림처럼 색색가지

여학생 패션
(『신여성』, 1925.6,7 합본호).

허리띠를 두른 모양은 모르긴 몰라도 진풍경을 연출했음은 틀림없을 것이다. 그러므로 이 '혁대 시비'라는 것은 한복에서 양장으로 점차 바뀌어 가는 의복 교체기에 벌어진 일종의 해프닝이었던 셈이다.

빨간 솔을 두르고 다니는 여학생들이나 밤에도 양산을 쓰고 다니는 여학생들은 마치 '유행병 환자'처럼 취급되었고, 그녀들의 취향과 행동은 모두 유행이라는 한마디로 환원될 수 있었다. 이런 유행 추종 열풍을 두고 혹자는 "골방 속에 다년간 감금을 당하였던 새악시들이 별안간 석방을 당하니까 눈에 보이는 것 귀에 들리는 것들의 그 모든 새롭다는 것에 취하야 갈팡질팡 쫓아다니는 것만 같다"는 해석을 내놓기도 했다(「여학생 신유행 혁대 시비」, 『신여성』, 1924.11). 그러나 그러한 해석과는 별개로, 유행은 말하자면 본래 용도와도 상관없고 쓸

모도 없는 짓일 뿐이었다. 1926년 국상(순종)을 당하자 흰옷을 입고 검은 댕기를 드리는 것이 유행했으며, 없는 살림에도 꼭 깃옷을 입겠다고 고집하는 것 역시 유행처럼 확산되었다. 패션이나 기호는 이미 그때부터 '필요나 욕구'의 논리를 넘어선 지점에 존재하게 되었다.

유행은 논리적으로 설명이 불가능한 주기를 보이는 것이 그 특징이라고 할 수 있을 텐데, 이때에도 그 유행의 논리가 그대로 적용되었다. 트레머리가 한참 유행을 하더니, 1925년 여름에는 다시 땋아 늘어뜨리는 머리가 유행했고, 1926년에는 단발 대신 다리꼭지 드리는 것이 유행이었다.

1920년대 초만 해도 여자의 단발은 세간의 이목을 집중시키는 대사건이었다. 최초의 단발 미인으로 손꼽히는 강향난이 기생 신분에서 머리를 자르고 여학생이 된 이래, 심심찮게 단발랑들의 소식이 신문·잡지를 장식했다. 시인 김명순과 사회주의자 허정숙, 주세죽의 단발이 신문지상에 오르내렸다. 편리와 위생 등을 앞세운 '단발 예찬론'이 속속 등장하는 가운데, 단발에 대한 관심은 1930년대에도 크게 달라지지 않았다. 1930년대 초까지만 해도 여학교에 단발을 한 학생은 두세 명씩 손에 꼽을 정도였다. 그때까지만 해도 단발은 "진한 루쥬, 에로, 곁눈질 등과 함께 카페의 웨이트레쓰나 서푼짜리 가극의 딴쓰 껄들의 세계에 속한 수많은 천한 풍속들 중의 하나로만" 생각되고 있었기 때문이다(김기림, 「미쓰 코리아여 단발하시오-斷髮과 朝鮮女性」, 『동광』, 1932.9).

유행에 대한 당대인들의 시각은 여성들의 일거수일투족에 투영되었다. 전기로 머리를 곱슬곱슬 지지고 누렁 약칠까지 해서 서양여자 노릇을 하고, 전에는 동경이나 미국 유학생과 결혼하고 싶어 하더니, 이제는 상해나 로서아(러시아)에 있던 남자와의 결혼을 선호(사회주의 풍조의 영향으로)하며, 여학교 졸업생들 사이에 신문·잡지 기자가 교사를 누르고 선호 직종으로 등장(1926.3)한 것도 모두 '신유행'이라는 이름으로 묶였다. 그리고 신유행이라는 말에는 시류에 휩쓸려 다니며 부화뇌동하는 이들에 대한 조소의 의미가 항상 내재되어 있었다.

물론 유행을 추종하는 남학생들, 즉 '하이카라 모던뽀이들'에 대해서도 여지없이 비판이 가해지곤 했다. 1925년 경성의 남학생들도 "교과서 참고서는 한 권 업서도 연애소설과 유행 창가 한 권씩은 다 가지고" 있으며 "서랍 속에는 여학생에게 편지하는 꽃봉투 꽃편지지"가 들어 있고, "길만 나서면 여학생 히아까시 하느라고 시간 가는 줄도 모르고 집에 돌아오면 면도하느라고 밥도 제때에 잘 못 먹는다"(「形形色色의 京城 學生相」, 『개벽』, 1925.4)고 조롱거리가 되었다. 그러나 '가관'이라는 평가를 들으며 입방아에 시달려야 했던 것은 십중팔구 여학생들이었다. "남자의 양복바지 소매가 당나팔 같이 넓었다 토수같이 좁았다, 양복저고리 길이가 엉덩이를 덮었다 드러났다, 단초가 둘 되었다 셋 되었다, 모자 체양이 넓었다 좁았다, 바지를 입고 다녔다 신고 다녔다, 외투가 길었다 짧았다, 품이 좁았다 넓었다 하는 것은 유행이 아니고 뭐냐"(「홍부, 놀

부瓢」,『근우』창간호, 1929.5)는 말에는 여성만을 비난의 대상으로 삼고 있는 풍조에 대한 불편한 심기가 들어 있었다.

"도학자연하는 자들의 종작없는 잔소리가 귀여운 여학생들의 기를 꺾어놓는다(남궁환,「모던여학생풍경」,『신여성』, 1931.4)"는 불평도 있었지만, 머리끝에서 발끝까지 여학생들의 외양에 시비를 거는 이들은 단지 보수적인 늙은이들만은 아니었다. "낡은 구도덕을 깨뜨리자"고 소리 높여 외쳤던 인텔리 지식인들이나 젊은 것들을 못마땅해 하는 완고한 도덕가들이나 이 문제에 대해서는 마찬가지였다. 그들이 흔히 내세우는 이유는 실용적이지 못하며 미적으로도 아름답지 않다는 것이었지만, 중요한 것은 각각의 스타일이 아니었다. 그것이 혁대든 목도리든 머리든 문제는 '유행'이라는 그 형식에 있었다. 그들이 연애편지 한 장을 가지고도 눈에 쌍심지를 켰던 것도, 기실 그 내용이 음탕하다거나 너무 만연해 있다거나 하는 것과는 관계가 없는 일이었다. 단지 '연애편지'라는 그 형식과 발상 자체가 문제였던 것이다.

유행은 단지 그것이 유행이기 때문에 배격되는 것이다. 그들은 자기 나름대로 그럴 듯한 기준을 만들고, 시비를 가리는 감각을 내세우곤 했지만, 그것은 알리바이에 불과했다. 갑자기 나타나 온통 거리를 휩쓸어 버리는 그 낯선 것에 대한 거부감과 경계심이 그 안에 도사리고 있다. 자본주의 소비문화에 대한 거부감 혹은 거리의 유혹자들에 대한 경계심은 교화되고 선도되어야 할 어린 소녀 혹은 처녀들에게 집중되었고,

따라서 여학생들은 늘 시비의 대상이 될 수밖에 없었다.

비난과 선망 사이

1930년대의 유행은 1920년대와 조금 다른 양상을 보이며 전개되었다. 특히 1930년대에는 1920년대와 비교할 수 없을 정도로 상품 문화가 발달하면서 유형에도 많은 영향을 미쳤다. "조선 여자 특히 신여성들의 사치비 확장"의 문제를 군비 확장에 비교(이용설,「조선여자와 사치」,『신가정』, 1934.9)하는 말이 나돌 정도로 유행이 가져오는 사치와 허영의 풍조를 경계하는 목소리가 높았다. 물론 다른 한편에서는 '유행계(流行界)'라는 표현이 등장할 정도로 유행을 하나의 자연스러운 현상으로 인정하는 분위기도 있었다.

1930년대의 유행을 진단한 글 가운데, 꽤 날카로운 시각으로 유행 현상을 해부한 것들을 만날 수 있다. 1920년대의 완강한 거부감이나 배제의 태도와는 달리 1930년대가 되면 유행을 하나의 현실로 인정하는 한편 그에 대한 비판적 분석이 가능해졌다는 이야기다.

유행은 다각적이며 유동적이다. 유행은 급진적이며 순환적이다. 그리고 달팽이의 촉각같이 예민하다. 또 그리고 언제든지 그 시대정신의 말초첨단(末梢尖端)을 급각도적(急角度的)으로 돌고 있는 그림자와 같은 경업사(輕業師)이다.

이 경업사를 뿐새 있게 잘 조종하는 것이 이윤에 민감한 뿌르조아 상인들이요. 그 앗슬앗슬한 묘기와 짜릿짜릿한 몸짓에 황홀히 정신을 잃고 미친 듯이 그의 일거일동(一擧一動)과 어릿광대적 복색(服色)까지도 모방하려는 것이 모-던 유한계급 청년들의 생활이며 철학이요 종교다(박노아, 「십년 후 유행」, 『별건곤』, 1930.1).

시종일관 유행을 삐딱한 시선으로 바라보고 있는 위 글의 필자는 급격히 변화하는 유행 풍조를 감안하면 1940년 즈음에는 "행길에서 키쓰를 하여도 손짓할 사람이 없"을 것이며 "전매국에서는 '모-던껄'이란 여자용 권련(卷煙)을 만들어" 내고, "남자들의 금연구락부(禁煙俱樂部)"가 생길 것이라는 예측을 내놓는다. 또한 「34년 유행타령」이라는 글의 필자는 "오늘은 붉은 스카-트가 종로의 바람을 타고 나르는가 하면 어느새 풀빛으로 변하고 오늘은 '지당가위'같이 머리를 올리는가 하면 어느새 '메추리' 꼬랑지 같이 변하여져서 웬만큼 정신없는 사람은 따르기는커녕 분별할 수조차 없다"고 타령을 읊는다.

1933년 「여자 유행계의 일년」이라는 글에 따르면 화장법이나 의복, 액세서리 등이 한층 화려해지고 개성을 추구하는 방향으로 변화하고 있다고 진단하고 있다. 이는 총독부에서 색깔있는 옷을 입도록 권장하고 있는 것에도 그 원인이 있지만 '색'에 대한 감각의 습득을 보다 근본적인 원인으로 보고 있다. 또한 외국 풍조의 영향으로 무늬를 프린트한 옷감이 '전성시대'를 맞은 것이 큰 이채를 띠었다고 한다(임정혁, 「여자 유행계의 일년」, 『신가정』, 1933.12). 그리고 이러한 여학생들의 패션 감각은 '청신(淸新)함과 세련됨'이라는 말로 포장되기도 했다(남궁환, 「모던여학생풍경」, 『신여성』, 1931.4).

1930년대 들어서는 『신여성』에도 「여학생 화장법」과 「미용 강좌」 등의 기사가 등장하기 시작하고, 30년대 말 잡지 『여성』에도 「계절별 화장법」뿐만 아니라 모자, 솔, 핸드백, 구두에 이르기까지 세세한 유행을 소개하는 기사가 실리기 시작했다. 이후 유행과 소비문화를 적극적으로 이용하고 부추기는 기사들이 늘어났다. 당시 여학생들의 분화장은 어느 정도 일반화되어 있었으며, "조선 여학생은 너무 부끄러울만치 얼굴에 분을 많이 바른다"며 "질소 검박한 미국 여학생의 화장법을 배우자"는 주장까지 기사화되었다(유소제, 「3분간에 될 수 있는 여학생 화장법」, 『신여성』, 1931.4).

한편 이러한 화장법 관련 기사 덕분에 1933년경에는 종래 희게만 화장하면 제일이라고 생각하여 마치 회벽을 바르듯 하고 다니는 사람들이 점차 줄게 되었다는 긍정적인 평가도 받았다(임정혁, 「여자유행계의 일년」, 『신가정』, 1933.12).

오늘날에도 고교를 졸업하는 여학생들이 화장품 회사의 적극적 마케팅 대상이 되는 것처럼, 이때에도 역시 학교를 졸업하는 여학생들에게 그동안 '학대해 오던 피부'를 손질하고 화장을 시작하여 미인이 될 것을 적극적으로 권유하는 글이 눈에 띈다(김옥길, 「금춘에 교문을 나선 분-화장법은 이렇게」, 『신여성』, 1936.5). 1930년대 여성지에 화장 관련 기사와 화장품 광고가 많이 등장하기 시작한 것과 '화장'을 권하고 '미인'되기를 권하는 풍조는 결코 무관하지 않다.

사실 첨단의 유행 풍조에 대해서는 늘 두 가지 태도가 공존하거나 양립하기 마련이다. 즉 유행을 백안시하거나 거부하는 한편으로는 유행을 추종하거나 동경하는 것이다. 여학생과 기생이 구별되지 않는다는 학부형들의 불만은 "기생들이 여학생 복장을 흉내 내고 여학생인양 꾸미고 다니는" 데서 비롯된 것이기도 했다. 즉, 요즘 표현으로 하자면 '여학생 따라잡기'가 패션의 트렌드로 기능했음을 시사하는 것이다. 근대 교육이라는 특혜를 받는 소수의 여학생들은 시시각각 요주의 인물로서 일거수일투족이 관심과 호기심을 불러일으켰고, 온갖 비난·공격과 동경·선망 사이에서 부유하는 존재가 된다.

여학생은 학교교육에서 소외된 다른 여성들에게 종종 동경의 대상이 되곤 했다. 김유정의 소설 「따라지」(1937)에는 "변또(도시락) 하나만 차면 공장의 계집에나 뻐쓰껄로 알까봐서 그 무거운 잡지책들을 (책보에 싸서) 힘 드는 줄도 모르고 들고 왔다갔다" 하는 버스 걸(버스 안내원)과 가난 때문에 딸을 공부시키지 못하는 미안함에 아침마다 책보를 싸는 아버지가 등장한다. 이는 여학생을 동경하는 풍조를 반영한 것인 동시에, 여학생이라는 것이 '스타일'로만 이야기되고, 또 존재하는 현실을 보여주는 것이다.

여학생과 여성지

여성잡지의 탄생

지금과 같은 매체의 홍수 시대와 달리 문자 매체가 압도적이었던 1920~1930년대에는 신문과 잡지가 절대적인 위상을 차지하고 있었다. 특히 잡지의 시대라고 할 만큼 이 시기에는 문예지, 종합지 할 것 없이 다종다양한 잡지들이 쏟아져 나왔고, 여성을 주 대상으로 하는 잡지들도 속속 발간되었다. 글 읽는 여성을 독자이자 소비자로 삼는 여성잡지들이 등장한 것이다. 문자 해독 능력을 갖춘 여성의 수가 점차 늘어나면서 '여성잡지'라는 기획은 충분히 설득력을 가지게 되었고, 또한 충분히 승산이 있는 시도였다. 1920년대 중반부터 매년 삼천

명 이상 배출되는 여학생들뿐만 아니라 언문을 깨우친 가정부인과 인텔리 남성들이 여성지의 주 독자층이 되었다.

이때의 여성지들은 오늘날의 그것과는 양상이 조금 달랐다. 요즘의 여성지들이 철저하게 패션과 미용, 섹스 등의 실용 정보와 연예인 가십 기사들로 채워진 데 반해, 그때의 여성잡지들은 보다 교육적이고 계몽적인 성격이 강했다. 1910년대 말에서 1920년대 초에 나왔던 『여자계』, 『신여자』 등과 같은 잡지는 유학생들이 주축이 된 여성 엘리트 집단에 의해 만들어졌으며, 논설 위주로 구성되었다. 소수의 '깨인 여성들'이 주축이 된 만큼, 갓 시작된 여성운동이나 여성교육에 대한 소개와 주장들이 주를 이루었다.

특히 『신여성』은 1920년대 초에서 1930년대 초까지 발행 (1923~1926, 1931~1933)된 가장 대표적인 여성지라고 할 수 있는데, 20년대와 30년대의 양상이 조금 다르다. 1920년대에도 신여성과 문인들의 사생활에 대한 가십이나 실생활에 필요한 생활 지식 등이 상당 지면을 차지하긴 했지만, 대체로 당시의 여성운동과 사상 경향을 반영하는 딱딱한 글들이 많았고, 1920

『신여성』, 1931년 6월호 표지.

년대 중반에는 시대를 풍미하던 사회주의 사상의 기조를 계속 유지했다. 그러나 1930년대에 들어서는 점차 흥미 위주의 '실화, 애화, 탐방기' 등 수기의 비중이 높아지고, 실용 지식이나 읽을거리 위주로 재편이 되는 모습을 보인다. 이는 1930년대에 주된 사상의 흐름이 보이지 않는 상황에서 '자본주의'가 당대의 가장 강력한 사상으로 떠오른 것과 무관하지 않다. 당시 가장 대중적인 잡지 가운데 하나였던 『별건곤』이 주로 흥미 위주의 가십으로 채워진 것도 상업주의 경향과 맞물려 있는 것이다. 1930년대 중반 신동아사에서 발행한 『신가정』이나 1930년대 말에서 1940년대 초까지 발행된 조선일보사의 『여성』 역시 사정은 비슷했고, 특히 문예면의 비중이 매우 커졌다.

물론 여성지들만 여성 문제를 다뤘던 것은 아니다. 여성운동과 페미니즘이 새로운 근대 사상의 한 조류를 형성하면서 소위 자각한 지식인이라면 누구나 여성 문제에 대해 관심을 보였다. 『개벽』, 『삼천리』, 『신동아』 등과 같은 종합 잡지들 역시 여성 문제에 대해 관심을 가지고 끊임없이 새로운 논점을 만들어내는 매체로서의 역할을 수행했다. 식자층 가운데 남성의 비율이 압도적이었던 만큼 여성지나 여성 관련 잡지의 필진은 대부분 남성이 차지하였다. 잡지 사업에 주력했던 천도교에서는 『개벽』, 『신여성』, 『어린이』, 『별건곤』, 『조선농민』 등의 잡지를 발간했는데, 상당수 필진이 중복 활동하였다. 특히 1920년대 『신여성』의 편집인이었던 소파 방정환은 스무

개가 넘는 필명으로 활약하며 당시 잡지계를 주름잡았다.

논설과 평론

사실 여성잡지의 주 독자층은 대부분 여학생 혹은 여학교 출신들이었으므로 이들 여성지는 여학생 잡지라고 해도 크게 과언은 아니었다. 1980년대의 『하이틴』, 『주니어』와 최근의 『키키』 등과 같은 '여학생 전용' 잡지들은 성인 여성지의 청소년 버전으로서, 10대들의 소비생활 가이드북쯤으로 볼 수 있지만, 당시의 잡지들은 여학생을 타깃으로 하고 있음에도 불구하고 꽤 고압적인 자세를 유지하고 있다. 이는 계몽을 목적으로 하는 논설과 평론 중심의 잡지 문화에 영향을 받은 것으로, 1920년대와 1930년대의 논설들은 대부분 가르침과 훈계 그리고 비판이 주조를 이루었다.

당시 여성잡지들에 실린 기사들을 살펴보면, 논설이나 논문, 각종 정보, 캠페인, 가십 등의 읽을거리와 문예, 수기(독자 통신) 등으로 구성되어 있다. 『신여성』의 경우 1920년대보다 1930년대에 들어서 읽을거리의 종류가 더욱 다양해지고, 문예 면의 비중도 커졌다. 예컨대 가십난이 나뉘어져 살롱이나 통신이라는 이름으로 여러 지면을 차지하였고, 난센스나 유머 독물(읽을거리), 세계 동향과 신문 사회면 기사 요약 등 다양한 '서비스'가 추가로 제공되었다.

1920년대에 눈에 띄는 논설이나 논문들은 주로 여성 해방

혹은 여성운동과 관련된 것들이 지배적이었다. 가족제도의 변천과 여성의 지위를 다룬 글들, 여성 참정권 운동의 역사와 여성 억압의 역사를 짚은 글 등이 많았고, 여성의 심리나 남녀양성의 생물학적인 특징을 다룬 글들도 종종 눈에 띄었다. 특히 1920년대 중반부터는 그 시대의 다른 잡지들과 마찬가지로 유물론적 시각에 입각한 분석이나 사회주의자들의 여성관을 소개하는 글이 많이 등장한다. 마르크스 레닌뿐만 아니라 베벨이나 제트킨의 이름이 지면에 자주 오르내리고 원용되었다. 베벨의 「부인론」(여성론)은 1920~1930년대 지식인들이 여성에게 권하고 싶은 책 가운데 1순위로 꼽히곤 했다(「조선 여성에 대한 제씨의 의견」, 『여인』5, 1932.10).

사회주의 사상의 영향은 연애 문제도 비껴가지 않았다. 부르주아 인텔리들이 주도하던 연애 담론은 사회주의적 색채를 띤 연애론에 자리를 내주게 된다. 해방되었다는 인텔리 여성들이 오히려 "결혼이라는 미명 아래 노예로 복귀하려 한다"(호연당인, 「현대 여성의 정조손료」, 『신여성』, 1933.2)는 등의 비판도 심심찮게 제기되었고, 연애라는 것이 계급성을 떠나서는 논의될 수 없다는 시각이 설득력을 얻게 되었다. 한 시대를 풍미했던 '신성한 연애'라는 것도 "연애를 초계급적인 것인 양 위장한 레테르"에 지나지 않는다는 것이다(안덕근, 「연애희극연출자」, 『여인』, 1932.10).

"연애지상주의가 귀족적 대부르주아적인 숭엄한 작난이

라고 하면 연애찬미론(연애지상주의에 합리적인 성욕을 도입한 것)은 소부르주아적 자기기만에 지나지 않는 것이 분명하다. (…) 이러한 노예를 위한 연애론은 속히 청산시켜버리지 않으면 안 될 것이다."(김옥엽, 「청산할 연애론」, 『신여성』, 1931.11)

기존의 연애론을 '노예의 연애론'으로 규정하는 이 글의 필자는 "자유연애란 쾌락의 정당화일 뿐"이므로 사회의 진보와 아무런 관련이 없다고 힘주어 말한다. 연애 역시 개조의 대상이자 청산의 대상으로 바라보는 그 당시 사상의 특질이 잘 드러나 있는 대목이다.

특집, 캠페인, 교양

월간지는 매체의 특성상 매달 시기별로 적합한 특집 기사를 준비하였다. 이를테면 봄에는 졸업과 입학 시즌에 맞춘 특집을 준비하고, 여름과 겨울에는 방학 특집을 준비하는 식이었다. 그밖에도 '연애 및 결혼', '제2부인', '직업 부인', '남녀 정조', '번민' 등 독자들의 관심사에 따라 적절한 특집을 선보였다. 이 가운데 연애 및 결혼 문제는 당시 청춘 남녀들이 가장 관심을 보였던 주제 가운데 하나로 가정 및 이혼 문제와 함께 자주 다루어졌다. 정조 문제 또한 1910년대부터 1930년대까지 꾸준히 관심의 대상이 되었다. 번민 문제 특집이 가장 이채로운데, "자각한 여성이 되기 위해 번민하고 고통하자"라는 구호와 함께 여성들이 느끼는 각종 번민이 소개되었다. 자기 번민만이 발달과 진보 그리고 향상을 가져온다는, 그 시대에 걸맞은 발상이었다.

특집들은 주로 해당 이슈에 대한 여성계나 교육계 등 지식층 인사들의 목소리를 반영하는 수준이 대부분이었다. 따라서 대부분의 특집들은 심도 있는 분석이나 기획을 꾀한 것이라기보다는, 각각의 의견들이 펼쳐지고 충돌하는 경연장으로 기능했다고 볼 수 있다.

때로 잡지에 반영된 목소리들은 훈계, 설교, 충고, 당부 등의 형태로 나타났고, 때로는 '캠페인'의 성격을 드러내기도 했다. 특집과 캠페인이 적절하게 결합된 예로는 방학 특집호의 경우가 대표적이다. 방학을 맞아 시골 고향에 내려가는 여학생들에게 주는 글들이 주로 실렸는데, 그 내용은 "시골에서도 개조에 힘쓰라"는 것이었다. 시골의 부녀자들에게 한글을 가르치거나 일을 돕는다거나 하는 건전하고 계몽적인 일이 장려되었다. 교육받은 여성으로서의 임무가 강조되었던 셈인데, 이는 농촌계몽운동이 활발했던 1920년대에 두드러진 현상이었다. 그밖에 독서 장려 캠페인이나 청결과 위생 및 생활 개선 캠페인 등이 지면을 장식했다.

그밖에 여성잡지가 의도한 역할 가운데 여학생의 교양을 함양하는 것이 비교적 큰 부분을 차지했다. 신여성이라면 문명인의 소양을 갖춰야 한다는 취지에서 음악가나 음악 및 연극 감상법 등 다양한 문화 예술 지식을 소개하였다. 계절과 기후에 어울리는 서정적인 읽을거리들이 다수 배치되었고, 대중 문화가 활짝 열렸던 1930년대에 들어서는 음악이나 연극보다 영화에 대한 소개가 눈에 많이 띄었다. 『신여성』의 경우 당시에 수입되었던 할리우드 및 유럽 각국 영화의 줄거리를 스틸 사진과 함께 매월 여러 지면에 걸쳐 자세히 소개하였다.

여성에 대한 과학적 접근

여성잡지에서 발견되는 흥미로운 점은 과학 지식에 근거한 과학적인 접근이 많이 엿보인다는 것이다. 과학의 창으로 세계를 이해하고 또 건설하고자 하는 움직임들이 본격적으로 등장한 시대였던 만큼, 여성 문제 혹은 여성성에 대한 과학적 접근은 중대한 과제였기 때문이다. 그리하여 당시 여성잡지에서는 여성의 몸과 여성의 상태 그리고 여성과 남성의 관계에 대해 과학의 이름을 붙인 다양한 주장과 해석들을 다루기 시작했다.

『신여성』 1925년 2월호에는 「여존남비냐 남존여비냐?」라는 제목의 글이 실려 있다. '지상강좌'라는 형식을 빌리고 있는 이 글에서 필자는 '남존여비'를 정당화하는 현재의 사회 조직이 과연 정당한 것인가를 묻고, 이 문제를 공평무사하게 판단하는 것이 생물학의 가장 중요한 사명이라는 주장을 첫머리에 제기하고 있다. 생물계에서 생식의 완성자는 수컷이 아닌 암컷이라는 점, 그리고 남성에게서 원시적 형태의 신체적 특징을 발견할 수 있다는 점을 필자는 강조하고 있다. 즉 결론적으로 필자가 말하고자 하는 바는 "자연의 이치에 따를 때 그리고 생물학적 특성으로 볼 때 암컷(여성)이 우월하다"는 점이다. 그러므로 결국은 "우월하고 존귀한 존재로서의 남성"이라는 명제를 '생물학'이라는 과학적 권위를 빌려 뒤집고자 한 것이다.

"생식의 불어군이(竈, 부엌)에 맨 처음 불을 땐 이는 수놈입니다. 그러나 최후에 훌륭한 산 물건(活物)을 만들어낸 이는 암놈입니다. 생물의 제일 큰 사명인 생식의 무대에서 근본이 되고 두목(頭目)이 되는 것은 언제든지 암놈이었고 수놈은 다만 여줄가리가 되고 심부름꾼이 되는데 지나지 못합니다."(「여존남비냐 남존여비냐?」, 『신여성』, 1925.2)

이밖에도 의학적(해부학적) 혹은 심리학적으로 여성이 남성보다 열등하지 않음을 보이고, 이를 여성교육의 당위성과 필요성을 뒷받침하는 논거로 삼는 경우도 있었다(김승식, 「인류정력의 성적 차이」, 『신여성』, 1925.5). "우리 여자가 몇 천 년을 두고 교육의 기회를 얻지 못하고 온 오늘에도 오히려 남자보다도 초월한 자가 있거든 하물며 교육에 자유를 얻는 장래에랴"라는 서술에서도 볼 수 있듯이, 남성과 여성에 대한 의학적 검토의 목적은 '여성교육'의 중요성과 가능성을 역설하기 위한 것이었던 셈이다(유영준, 「여자는 과연 약자인가-의학상으로 본 관찰」, 『신여성』, 1926.9).

물론 여성에 대한 과학적 접근 가운데, 과학이라는 외형을 갖추고 있지만 그 발상과 의도가 의심스러운 것들도 있다. 의학사 모씨가 쓴 「만혼 유해론」(『신여성』, 1924.5)의 경우, 만혼(晚婚)은 성 문제에 있어 해악과 폐단의 근원인 것처럼 설명되고 있다. 그 폐해는 주로 자위행위와 출산연령의 고령화에 초점이 모아지고 있는데, 자위행위가 죄악이라는 편견 혹은 여성의 출산을 의무화하는 고정관념에 '의학'의 권위를 덧씌워 일종의 '협박'을 가하고 있는 셈이다.

10여 년 전인 1910년대만 해도 "조혼을 폐지해야 한다"는 목소리가 높았던 데 반해, 이 시기에 '만혼 타개'라는 말이 나오게 된 것은 교육기회 확대와 밀접한 관련이 있다. 특히 교육받은 여성을 중심으로 만혼 경향이 점차 늘어나게 되면서 이를 사회문제로 보는 시각들이 생겨나게 된 것이다. 물론 대다수의 여성들은 결혼을 필수 조건으로 생각했고, 여학교 출신 여성들도 대개 결혼을 선택했으므로, 이는 문제를 과장되게 부풀린 것이라고 볼 여지가 많다. 그러나 "어째서 여자들은 여학교까지 졸업하여 높은 교육을 받아 가지고도 올드미쓰로 늙는 것인가(이때 노처녀 노총각의 기준은 '여자 23~24세, 남자 30세'였다)" 혹은 "왜 그들은 독신을 고집하는가"(「만혼 타개 좌담회」, 『삼천리』, 1933.10) 등의 문제는 소수에 국한된 문제였다고 하더라도 분명 하나의 사회 현상으로 다룰 수 있는 문제이다.

한편 발상 및 의도가 의심스러운 내용 가운데 처녀와 비처녀의 구별에 관한 논의들도 있었다. 한 번 남성을 접한 여성은 체형 자체가 처녀 때와 달리 변한다거나, 그 남성의 피가 신체 어디엔가 섞여든다거나(혹은 남성의 정액이 피에 섞여 든다거나) 하는 속설들이 생물학의 입을 빌려 횡행했다. 이는 과학 또는 의학이 유력한 객관적 근거 혹은 진리로 받아들여지고 속설과 가설이 과학의 외피를 입음으로써 빚어진 기이한 장면이라고 할 수 있다.

갈 곳 ^{없는 여학생들}

'졸업 처녀의 번민'

여자고등보통학교에서 교육을 받는 여학생들의 수가 점차 늘어가는 것은 당시 교육계로서는 매우 고무적인 일이었지만, 사실 그들의 졸업 이후 진로는 매우 제약이 클 수밖에 없었다. "졸업하고 갈 곳이 없다"는 여학생들의 하소연은 1920년대와 1930년대에 끊이질 않았다. 신여성하면 떠오르는 해외 유학파나 기자, 의사 등과 전문직 종사자들은 소수의 예외적인 존재에 불과했다.

1923년 경성 소재 여학교를 졸업한 학생들의 현업과 1924년 졸업생들의 취업 희망사항을 비교한 통계(『신여성』, 1924.4)

에 따르면, 현업의 경우 총 91명 가운데 교사가 35명, 상급학교 진학이 23명, 외국(일본) 유학이 10명 순이고, 취업 희망사항은 222명 가운데 상급학교 진학이 62명으로 가장 많고, 사범과 50명, 가정주부가 49명, 외국 유학이 23명, 교사가 16명 순으로 나타났다. 여기에서 여학생들의 취업 희망사항과 현실이 격차를 보이고 있음을 알 수 있다. 여학생들은 졸업 이후 상급학교에 진학(혹은 유학)하고 싶다는 꿈을 현실적인 이유로 포기하는 경우가 많았고, 그나마 여학생들에게 가장 열려 있는 직업도 교직 하나뿐이었다.

졸업생들은 상급학교 진학의 길도 없고 돈을 벌 길도 없으며, 시집이나 가라는 부모의 강요 때문에 고향에도 못 가겠다고 하소연한다. 학업을 계속하고 싶다는 호소와 함께 여자 전문학교를 세워달라고 요구하기도 하고, "팔리듯 시집을 가는 대신 기술을 파는 직업 부인이 될 수 있도록 소개소와 연구소를 설치하자"고 나서기도 했다(「여성평단」, 『신여성』, 1926.2). 여성들의 높은 향학열과 의욕을 현실이 따라가지 못하고 있었던 것이다. 그래서 이때 졸업을 앞둔 여학생들은 4학년 졸업반을 번민에 울며 지낼 수밖에 없었다(이현경, 「어데로 갈까요-졸업을 닥드리는 처녀의 번민」, 『별건곤』, 1927.7).

여학생들은 중등 교육이 매우 불충분하며, 초등 수준을 크게 벗어나지 못한다는 불만을 터뜨리곤 했다. 취직을 하는 데도 제약이 많고, 시집을 가서도 결국 아무런 도움이 되지 못한다는 것이다. 중등 학력을 가지고 학생을 가르치는 것에 대한 부담감도 여고보 출신 교원들의 고충이었다(황SH, 「졸업후 일년 후-눈물만혼 첫고생」, 『신여성』, 1924.9). 여자고등보통학교 졸업으로 만족하지 못하고 상급학교(전문학교) 진학을 희망하는 여학생들이 많았던 것은 그런 목마름 때문이었다.

20년대 중반 이후 여성이 진학할 수 있는 상급학교(전문학교)는 이화여자전문학교 등 다섯 개 학교밖에 없었다. 이화학당에서 대학과(大學科)를 설치한 것은 1910년이고, 전문학교로 인가가 난 것은 1925년의 일이다(예과 1년 본과 3년제). 그러나 그것도 일년에 50원이 넘는 학비를 감당할 수 있는 소수의 학생들에게만 주어지는 혜택이었다. 기타 전문학교로는 보육학교와 여자의학강습소가 있었다. 치과의학전문과 약학전문, 협성신학교 등에 남녀 공학으로 진학이 가능했지만 실제로 진학한 여학생은 거의 없었다. 1934년 통계에 따르면 여자전문학교 재학생은 435명이었다.

졸업 처녀의 번민(「풍자해학 신유행예상기」, 『별건곤』, 1928.2).

사정이 그렇다 보니 여고보 졸업 이후에 결혼을 하는 것이 가장 흔한 일이었고, 따라서 "여학교는 신부양성소고 되고 말았다"는 개탄의 목소리도 터져 나왔다(모 여학교 교사, 『신여성』, 1924.5). 1924년 진명여학교의 경우에도 보통과와 고등과 졸업생 485명 가운데 학교 교원 47명, 외국 유학 14명, 은행 회사 사무 2명 이외에는 대개가 살림을 하는 것으로 조사되었다(「여학교 방문가-진명편」, 『신여성』, 1924.7). 대다수 여학생들의 진로가 결혼과 살림으로 결정되었던 것이다. "가정에 취직한다"는 것은 한낱 우스개 소리가 아니라 이들의 현실이었다. 이런 상황에서 졸업생들의 현실적인 고민을 들어줄 수 없었던 교사들 또한 졸업하는 제자들에게 "사람이 되어라, 자각을 한 신여자가 되어라" 등의 말을 반복하는 데 만족해야 했다.

여학생과 '직업 부인'

지금도 그렇지만 당시에 여성이 경제적으로 자립을 한다는 것은 결코 쉬운 일이 아니었다. 특히 진학과 취업을 희망하는 여학생들 사이에서는 여자가 독립적인 주체로서 남자와 대등한 지위를 점하기 위해서는, 즉 여성 해방을 위해서는 경제적 독립이 가장 중요한 선결 과제라는 데 상당 부분 공감대가 형성되어 있었다. 굳이 '해방'이라는 표현까지 쓰지 않더라도 이 시기에 한 사람의 인격체로서 사람 대접을 받으려면 자립을

해야 한다는 목소리를 쉽게 접할 수 있었다. 그래서 '배운' 여성들은 경제력을 얻기 위해, 이 사회에 필요한 하나의 일꾼이 되기 위해 혹은 이 사회를 변화시키기 위해 "직업전선에서 싸우겠다"는 표현까지 써 가며 의욕을 불태우기도 했다.

그러나 실질적으로 당시 사회에서 여성이 경제력을 얻기 위한 방법은 도무지 보이지 않았다. 여성 전문 교육을 담당할 학교도 미비한 상태에서 여성 인력을 수용할 수 있는 기관도 손에 꼽을 정도로 한정되어 있었기 때문이다. 더구나 1930년대 세계적인 공황과 맞물려 국내의 경기 불황이 심화되면서 '룸펜(실업자)'들이 양산되었고, 그런 마당에 여성을 위한 일자리를 찾기란 더욱 어려웠다. 여학교 출신들 가운데 직업인들의 면면을 살펴보면 학교 교원이 대다수를 차지하는 가운데, 신문 잡지의 기자와 의사, 예술가(화가, 시인), 운동선수 등이 손에 꼽히는 정도였다.

물론 이 당시 대다수의 일하는 여성들은 교육의 혜택을 받지 못한 하층계급 여성들로서, 갖가지 생산직과 서비스직에 종사하고 있었다. 전체 여성 인구의 30~40%에 해당하는 취업 인구 가운데 이렇게 생산 서비스직 종사자가 90% 이상이었고, 교사나 기자, 사무원, 의사, 예술가 등의 전문직 종사자는 극소수에 불과했다. 그만큼 배운 여성들이 자신의 지식을 활용할 수 있는 직업을 찾고자 하여도 취업의 문이 좁았다.

간혹 여학교 출신 까페걸(여급)이나 마담, 엘리베이터걸, 인텔리 출신 기생, 여배우 등이 소개되는 경우도 있었지만「여고

인테리 출신인 기생 여우 여급 좌담회」, 『삼천리』, 1936.4), 이는 예외적인 경우에 속했다. 따라서 취업이 좀더 용이한 여자상업학교나 보육전문학교, 의학강습소가 여학생들 사이에서 선호의 대상으로 떠오르기도 했다. 요즘과 같은 취업난 시대에 전문대학이나 직업학교가 인기를 끄는 것과 비슷한 상황이었던 것이다. 백화점의 점원과 같은 서비스직 종사자들 가운데도 여학교 출신의 종사자들이 조금씩 늘어났고, 30년대 초 화신백화점의 여점원 140명 가운데는 여자상업학교 출신뿐 아니라 이화여보고 동덕여보고 등 여학교 출신들이 몇 명씩 섞여 있었다(「거리의 여학교를 찾아서」, 『삼천리』, 1935.11).

사실 당시 많은 지식인들은 소위 배웠다는 여자들이 자신의 학력을 팔아 결혼 수단으로 쓰고 있다며 맹비난을 퍼붓는 경우가 많았다. 졸업장을 내세워 조건 좋은 남편이나 돈 많은 남편을 골라 사치하고 안락한 생활을 누리려고 한다는 것이다. 이는 심지어 "생식기를 팔아" 밥을 얻어먹는 "정기 매음"이라고까지 표현될 정도였다(주요섭, 「결혼 생활은 이렇게 할 것」, 『신여성』, 1924.5). 그러나 아무리 "여자도 직업을 얻고 돈을 벌어야 사람 구실을 한다"는 식의 주장과 충고 그리고 위협이 가해진다한들, 현실적인 조건의 변화가 없는 상황에서는 이 역시 공론(空論)에 불과한 일일 뿐이었다. 이때의 사회주의자들도 여성의 경제 문제를 해결하기 위해서는 '근본적인 제도의 변경'이 전제되어야 함을 줄기차게 외치는 것 외에는 방법이 없기는 마찬가지였다. "우선 직업을 얻어 경제력을 얻고 보자"는 식의 '차선책'을 펼치거나(김영희, 「신여성의 5대 번민-직업을 구하되」, 『신여성』, 1925.11), "독신이냐 매음이냐 (결혼 포함)의 두 가지 조건이 소멸되는 오는 사회(미래)에는 남자는 절대로 부인을 지배할 수 없을 것"이라는 낙관적 전망을 내놓을 수 있을 뿐이었다(김기전, 「오늘날 여학생에 대한 일반 남자의 그릇된 선입견」, 『신여성』, 1926.4).

그렇다면 경제적으로 자립할 조건을 갖춘 여학교 출신 직업 부인들의 삶은 어땠을까? "학창 시절에 철없이 양행(서양 유학)도 꿈꾸었으며 세계적 여류작가도 눈앞에 그려보았"던 한 여성은 "생명보험회사 사무원으로 월급 30원에 구속되고 만" 자신의 신세를 한탄한다(「인테리 여성의 비극, 그 여자는 여자보고를 졸업하고 어째서 기생과 여급이 되었나」, 『삼천리』, 1932.5). 1930년대에 사무원 월급 30원은 당시 사무직 가운데 보통에 속하는 액수이다. 신문기자가 50원 정도를 받았고, 전화교환원이 30원 안팎이었다. 이 당시 여직공의 월급은 많이 잡아야 9원(하루 30전)이었고, 여점원은 15원(하루 50전), 버스껄은 6원(하루 20전) 정도였다. 그러나 수월한 월급에도 불구하고 이들은 "남자들의 시기와 투쟁(질투)의 공기 속에서" 고독한 비애를 느껴야 했다(「인테리 여성의 비애」, 『삼천리』, 1932.8).

또한 많이 배운 여성일수록 안팎으로 완벽할 것을 요구받기도 했다. 가정 살림을 지켜 나가는 것은 어디까지나 여자의 몫이라는 생각은 전문교육을 받은 여학생들조차 떨쳐내지 못했다(「명일을 약속하는 신시대의 처녀좌담회」, 『신여성』, 1933.1).

"공부한 여자들은 살림에는 젬병"이라거나 사치할 줄만 안다는 시각뿐만 아니라, 배웠기 때문에 오히려 모든 면에서 뛰어나야만 한다는 생각이 이들을 괴롭히곤 했다. "현하 조선에서 주부로는 여교출신이 나흔가 구여자가 나흔가?"라는 설문조사를 보면 신여성은 '완전한 주부', '신가정주부'가 될 미덕들을 갖추었다는 시각과 "화장, 산보, 잡담, 기타 전부 非家의 행사로써 天職을 사는 신여성들은 일개 사치품일 뿐"이라는 시각이 충돌하고 있었다(『별건곤』, 1928.12). '배운 여성'들에 대한 이러한 갑론을박 속에서 그녀들은 '여자는 가정의 주인'이라는 고정관념에도 저항하지 못했을 뿐만 아니라, '모든 조건을 완비한 여성'이라는 기대도 저버리지 못했다.

여자 유학생들

여학교를 졸업하고 갈 곳 없는 이들과 달리 이중에서도 선택받은 소수는 외국 유학길에 오르기도 했다. 그리고 유학생을 포함한 전문학교 출신 이상의 여성들은 '인테리 여성'이라는 특수한 칭호를 부여받았다. 매우 적은 숫자지만 1910년대 말부터 여자 유학생들이 생기기 시작하여 1930년대에는 일본 동경에 유학한 여학생 수가 150여 명에 육박하였다. 1930년 일본 동경 유학생 가운데 남녀의 비율은 11대 1(1,068명 대 148명) 정도였다. 학부별로 여학생 수를 비교해 보면 의학과(43명), 가정과(27명), 사범과(16명), 문학과(14명) 순이었고, 법학과(8명), 이학(3명), 경제학부(9명)에도 여자 유학생들이 있었다(「숫자조선 연구」4, 1933). 1920년대 여자 유학생이라고 하면 나혜석이나 윤심덕과 같이 흔히 음악과 미술 등 예술 전공자들을 떠올리게 되는데, 1930년 즈음에는 비록 수는 적었지만 여학생들도 남학생과 마찬가지로 거의 모든 학문 분야에 진출해 있었음을 알 수 있다. 동경에 유학한 여학생들은 여자고등사범학교, 여자의학전문학교, 여자미술학교, 여자상업학교, 여자치과전문학교, 대성예비학교 등에 진학했다.

1910~1920년대에는 일본 유학생들이 압도적인 다수를 차지했지만, 1920년대 중반 이후부터는 미국 등 구미 유학에 오르는 여학생들의 수도 차차 늘어갔다. 이는 미국 경제 상태가 풍부하여 학비 변통에 유리하고 야소교(기독교) 선교사업으로 많은 편의를 제공해주는 까닭이었다. 그러나 '집 소제, 그릇 씻기, 아이 보아주기, 빈집 지켜주기' 등으로 학비를 벌며 고학을 하는 여학생들도 많았다(「일문일답 김활란씨 방문기」, 『별건곤』, 1927.10). 1926년에만 박인덕, 윤성덕, 이인애, 송금선, 허정숙 등이 미국 유학길에 올라 『신여성』지에 격려 기사가 실리기도 했다. 또 이 즈음에는 최초의 서전(스웨덴) 유학생으로 최영숙이 사회과학을 공부하러 떠났다는 기사도 볼 수 있다.

초기 유학생들의 경우 조선 사회에서 선택받은 자들로서 사명과 책임감을 스스로 강조하는 경우가 많았다. 즉 자신들에게는 "저들(다른 조선인들) 역시 사람된 자각을 가지고 살아갈 수 있도록" 할 의무가 있으며 "불완전한 사회를 완전하게 하는 귀한 광명이 되어야" 한다는 것이다(현덕신,「졸업생제형들에게 드리는 말씀」,『여자계』, 1918.9). 낙후된 조선에서 유일하게 깨인 존재인 소수의 엘리트들이 보인 발상은 이렇게 "저들을 깨우쳐 진정한 사람이 되게 하자"는 개조와 계몽의 정신에 입각한 것들이었다. 각성의 대상인 대다수 조선인들은 '야만'의 상태일 뿐만 아니라 '불구자', '방향을 잃은 후진자'라고까지 부르는 등(박승호,「업을 마치시는 여러 형님들에게 올림」,『여자계』, 1920.5), 이들에게서는 조선인 혹은 조선 여성을 타자화하는 태도를 쉽게 찾아볼 수 있다. 반면 1930년대에는 유학생의 수가 많아지고, 폭도 넓어지면서 보다 실질적인 제도와 문물의 소개도 활발히 이루어졌다. 미국과 유럽의 탁아제도, 이혼제도, 산아제한 문제 등이 국내에 소개되고 공론화되는 것은 구미 유학생들의 입을 통해 주로 이루어졌다(「외국대학출신 여류삼학사 좌담회」,『삼천리』, 1932.4).

시간이 지날수록 여자 유학생들은 조금씩 자리를 잡아 가고 자기 목소리를 내게 되었지만 그들을 보는 우리 사회의 시선은 그리 호의적인 편이 아니었다. 그도 그럴 것이 여자를 공부시킨다는 데 대해서도 부정적인 시각이 많았던 그때 외국 유학을 다녀온다는 것은 납득하기 어려운 일일 수밖에 없었다. 초창기의 여자 유학생들은 나혜석의 소설「경희」(1918)에서 보듯 "사내니 고을을 간단 말이냐, 군주사(郡主事)라도 한단 말이냐"라는 걱정인지 조소인지 모를 말들을 들어야 했다. 여자 유학생들에 대한 조선 사회 일각의 곱지 않은 눈을 의식한 나머지 스스로도 "여자 유학생들이 남의 집 이혼이나 시키고 남의 첩되려 공부한다는 말을 듣지 않도록 주의하자"는 다짐까지 하는 모습이 연출되기도 했다(이양선, 「새로 오신 여러 형님에게」, 『여자계』6, 1920.11).

초창기 유학생들에 대한 비판적인 시각은 지식인들 사이에서도 크게 다르지 않았다. 김동인의 「김연실전」(1940)이란 곧 초기 동경 유학생들의 연애행각을 낱낱이 파헤친 소설로, 특히 "유학씩이나 와서 연애만 일삼는 엘리트 여성들"에 대한 폄하를 주목적으로 하고 있다고 해도 과언이 아니다. 김동인뿐만 아니라 이 당시 작가들이 주로 그려내는 여자 유학생 군상은 예술가연하며 연애놀음에 일신을 맡기는 얼치기들로 나타나곤 했다.

조선의 유학생사(留學生史)를 기술하는 자리에서도 유독 이 때의 여성들은 조롱의 대상이 되고 있다. 나혜석, 김명순, 허영숙, 윤심덕 등의 이름까지 들어가며 이들의 유학생 친목회가 "당대의 名流 남성유학생 群을 중심으로 유혹과 쟁탈전"에 고심하는 '연애운동투쟁'만을 벌였다는 것이다(「반도에 幾多人材를 내인 영·미·로·일 유학사」, 『삼천리』, 1933.1). 사회에 적극적으로 뛰어들어 '공인'이 된 여성들의 일거수일투족은 마치 요즘의 연예인들이 그렇듯이 감시당하고 까발려졌다. 김원주나 나혜석의 문인 혹은 화가로서의 자질과 윤심덕의 성악가로서의 능력은 그들의 사생활에 대한 세인들의 관심 속에 쉽게 묻히곤 했다. 이들은 안팎으로 '완벽한' 여성이 되기 위한 힘겨운 노력에도 불구하고 당시 지배적인 담론 속에서 떠들썩하고 요란한 연애 사건의 주인공들로만 기록될 수 있을 뿐이었다. 이는 여자 유학생을 포용하지 못했던 시대의 한계인 동시에 초기 유학생의 대다수를 점했던 부르주아 여성 엘리트들의 한계이기도 했다.

이때 유학생들 특히 여자 유학생들은 조선인을 대하는 그들 특유의 '엘리트주의적'인 사고방식 때문에 비판을 받는 경우가 많았다. 그래서 유학에서 돌아와 조선 사회를 위해 무언가 실행하려 하기보다는 "서양사람 흉내를 내며 조선 것을 업신여긴다"는 평판이 흔히 따라다녔다. 남편과 두 딸을 두고 미국으로 유학을 떠난 박인덕이 '조선의 노라'로 불리며 "구속에서 해방된 용감한 여성"이라 칭송되었던 것은 예외적인 경우였다(「조선의 노라로 인형의 집을 나온 박인덕씨」, 『삼천리』, 1933.1).

이들이 유학 출신이라는 딱지 하나로 조선 사회에서 특권적인 지위를 지속해서 누릴 수 있었던 것은 아니었다. 1930년대에 접어들면 유학생이라는 명함은 더 이상 이들의 앞날을 보장해 주는 자랑스러운 이름이 되지 못했다. 1920년대 초 유학을 떠났던 한 남성은 여학교를 졸업하는 누이에게 주는 글에서 "십년 전 유학을 떠날 때와 달리 유학생이 넘쳐나는 지금(1931년)은 조선에 돌아가 봐야 할 일이 없다"(신영철, 「올봄 여자고보를 마치고 교문을 나설 누이에게」, 『신여성』, 1932.3)는 걱정을 토로하기도 했다. 1920년대 중반까지만 해도 유학열이 매우 높았던 시기였고, 유학만 다녀오면 장밋빛 미래가 펼쳐지리라 꿈들을 꾸었으나, 십여 년 사이에 그만큼 사정이 급변했던 것이다. 식민지 조선의 현실은 이들 극소수의 엘리트들조차도 수용할 여력을 갖지 못했다.

'여학생'이라는 상품을 넘어

　이광수의 소설 「무정」에는 기생 영채와 여학생 선형이 등장한다. 이 작품이 공전의 히트를 기록할 수 있었던 것은 바로 기생과 여학생이라는 당대에 가장 인기 있는 인물상을 형상화했다는 점과 관련이 깊다. 특히 다른 면모는 차치하고라도 세태소설로서의 특징과 장점은 바로 그 두 존재의 충돌과 경쟁의 양상을 포착하여 그려냈다는 점에 있었다고 해도 과언이 아니다. 영채가 기생이라는 과거의 오명을 씻고 '여학생'으로 다시 태어나기를 결심했던 것처럼, 이제 새로운 시대의 떠오르는 여성상은 '배우는 여성', 즉 여학생이 된 것이다.

　그런데 '배움의 길에 나선 새로운 시대의 주역'들은 주역으로서 취급받은 적이 거의 없었다. 여성교육과 여성해방을 부르짖는 목소리들이 높았던 것과 별개로 여학생들은 늘 감시와 구속과 통제의 대상이거나 가십 혹은 상품화의 대상이 되었다. 여학생들이 무엇을 원하고 무엇을 할 수 있는가, 즉 여학생의 잠재력과 가능성을 발견하고자 하는 시선을 찾기란 쉽지 않은 일이다. 그리고 이는 지금도 크게 달라지지 않았다.

신여성들이 그러했듯 당시의 여학생은 주로 그 실체가 모호한 집단으로 취급되었고, 그 시대의 지배적인 목소리들 속에서 떠다니는 '기표'로 존재했다. 여학생이라는 기호가 소비되는 방식은 지금이나 70~80년 전이나 크게 다르지 않았다. 여학생은 호기심의 대상이거나 길들여야 할 존재로서 다양한 방식으로 '소용'되고 있다. 다른 점이라면 과거에는 여학교의 담장 안 혹은 책보 속이 주된 관심의 대상이었다면 요즘은 여학생의 치마 속이나 지갑 속으로 한층 시야가 좁혀졌다는 것 정도일 것이다.

성도덕 혼란 시대 혹은 과도기 시대에 종종 재연되곤 했던 풍기 문제나 성 문제에 있어서도 여학생은 이러저러한 담론의 대상으로 옮겨 다녀야 했고, 자본주의와 상품문화 정착기의 소비 문제를 다루는 데 있어서도 여학생은 빠지지 않는 필수 아이템이었다. 그밖에도 여학생은 수많은 흥미로운 이야기꺼리를 제공해주는 난센스 혹은 비극의 주인공 역할도 떠맡아야 했다. 여고보를 졸업하고 어쩌다가 기생이 되었는지, 여자전문을 나온 그녀가 실연하고 어떻게 되었는지 하는 궁금증들은 계속 재생산되었고 증폭되었다.

물론 여학생을 둘러싼 이야기들 가운데는 호기심을 넘어선 가치를 지니는 것들도 있었다. 이제 막 눈을 뜬 여성교육을 활성화하기 위해 고민과 노력을 다한 흔적들을 우리는 도처에서 만날 수 있다. 그러나 여학생의 자각을 촉구하는 목소리들, 여학교에 관련된 각종 유용한 정보들은 여학생에 대한 갖가지 욕망들과 뒤섞여 있었다.

요즘 여성지에 실리는 '수기'와 비슷한 형태로 종종 소개되었던 여학생 애화(哀話)나 야화(夜話)와 같은 형식들은, 여학생에게 각성의 효과를 발휘하고자 한 측면과 여학생의 생활과 심리를 엿보고자 하는 욕망을 동시에 충족시켜준다. '인테리 여성'의 비극, 번민, 참회, 비애, 눈물을 강조하고 조장하는 시선들 역시 마찬가지다. 여학생과 관련된 것들은 희소한 만큼 상품으로서 가치를 보장받았으며 또한 그 상품성이 유지되기 위해서는 '문제아'로서 내내 취급당해야 했던 것이다.

이제는 여학생들을 하나의 상품이나 기호에 지나지 않는 존재로 만들었던 갖가지 틀로부터 자유롭게 할 필요가 있다. 이는 새로운 외양만을 추종하는 '모던걸'들, 연애편지 하나에 목을 매는 연애주의자 혹은 상품문화의 첨병(자본주의의 노예)이라는 규정을 넘어선 지점에서 여학생을 바라봐야 한다는 뜻이다. 문화를 향유하는 그들만의 방식, 자본주의 사회를 응시하는 그들의 시선 등, 그 시대를 겪어 나가는 여학생 자신의 태도와 입장에서 이야기는 새로 씌어져야 한다. 그리고 그렇게 될 때 여학생 혹은 신여성에 대한 새로운 시각이 열릴 수 있을 것이다.

참고문헌

<기본 자료>

『여자계』, 『신여자』, 『신여성』, 『근우』, 『여인』, 『여성지우』,

『개벽』, 『현대평론』, 『별건곤』, 『동광』, 『신가정』, 『삼천리』,

『여성』

김남천, 『사랑의 수족관』(1940).

김유정, 「따라지」(1937).

나혜석, 「경희」(1918).

염상섭, 『이심』(1928).

이광수, 『무정』(1917).

현진건, 「B사감과 러브레터」(1925).

<논저>

권보드래, 『연애의 시대』, 현실문화연구, 2004.

김수진, 「'신여성', 열려 있는 과거, 멎어 있는 현재로서의 역사
    쓰기」, 『여성과 사회』11, 2000.

김진송, 『서울에 딴스홀을 허하라』, 현실문화연구, 1999.

리타 펠스키, 김영찬·심진경 옮김, 『근대성과 페미니즘』, 거름,
    1998.

이여성·김세용, 『숫자조선 연구』4, 세광사, 1933.

장 보드리야르, 이규현 옮김, 『기호의 정치경제학 비판』, 문학과
    지성사, 1998.

천정환, 『근대의 책읽기』, 푸른역사, 2004.

누가 하이카라 여성을 데리고 사누 여학생과 연애

초판인쇄 2005년 1월 25일 | 초판발행 2005년 1월 30일
지은이 김미지
펴낸이 심만수 | 펴낸곳 (주)살림출판사
주소 110-847 서울시 종로구 평창동 358-1
출판등록 1989년 11월 1일 제9-210호
전화번호 영업·(02)379-4925~6   기획·(02)396-4291~3
        편집·(02)394-3451~2
팩스(02)379-4724
e-mail salleem@chollian.net
홈페이지 http://www.sallimbooks.com

ⓒ (주)살림출판사, 2005   ISBN 89-522-0331-3 04080
                        ISBN 89-522-0096-9 04080 (세트)

값 3,300원